미래의 부자인 _____ 님을 위해
이 책을 드립니다.

1주일이면 충분한 딱 쉬운 경매

초판 1쇄 발행 | 2024년 10월 31일

지은이 | 딱샘(백구열)
펴낸이 | 박영욱
펴낸곳 | 북오션

주　소 | 서울시 마포구 월드컵로 14길 62 북오션빌딩
이메일 | bookocean@naver.com
네이버포스트 | post.naver.com/bookocean
페이스북 | facebook.com/bookocean.book
인스타그램 | instagram.com/bookocean777
유튜브 | 쏠쏠TV · 쏠쏠라이프TV
전　화 | 편집문의: 02-325-9172　영업문의: 02-322-6709
팩　스 | 02-3143-3964

출판신고번호 | 제 2007-000197호

ISBN 978-89-6799-841-7 (03320)

*이 책은 (주)북오션이 저작권자와의 계약에 따라 발행한 것이므로 내용의 일부 또는 전부를 이용하려면 반드시 북오션의 서면 동의를 받아야 합니다.
*책값은 뒤표지에 있습니다.
*잘못 만들어진 책은 구입하신 서점에서 교환해 드립니다.

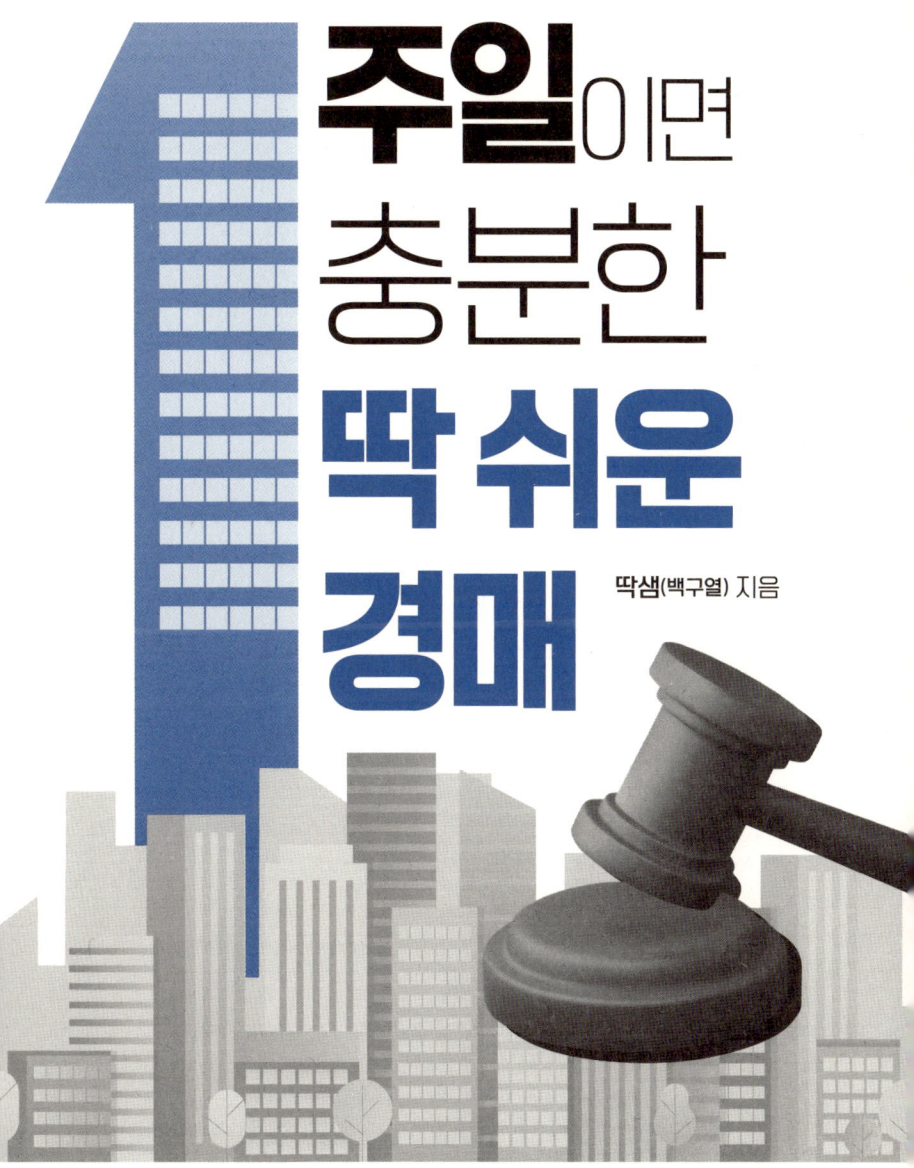

경매 초보자를 위한 **체계적이고 실용적인 가이드**

1주일이면 충분한 딱 쉬운 경매

딱샘(백구열) 지음

북오션

경매를 이제 막 시작하는 분들에게

부동산 경매는 마치 건강한 몸 만들기와 같습니다. 건강한 몸을 만들기 위해서는 체계적이고 단계적인 훈련이 필요하며 심리적인 부분도 컨트롤 할 수 있어야 합니다. 우선 가장 기본적인 식습관을 개선하고 이를 오랜 시간 유지해야 하죠. 거기에 몸에 고통을 수반하는 운동도 필수적입니다. 식습관과 운동을 병행하기만 하면 누구나 건강한 몸을 만드는 것은 가능하죠. 그런데 왜 대부분 성공하지 못하는 걸까요? 그것은 아마도 꾸준하게 실행하는 것이 어렵기 때문일 것입니다.

경매도 같습니다. 매일같이 앉아 새로운 물건을 검색하고 찾아내야 합니다. 그리고 그 물건의 가치를 알아내기 위해 시세를 파악하는 힘든 훈련을 해야 하죠. 그 끝에는 낙찰과 수익이라는 멋진 결과가 기다리고 있고요. 결국 경매로 성공하기 위해서는 꾸준해야 합니다.

모두가 잘할 수 있고 쉽게 할 수 있는 일이라면 그게 가치가 있을까요? 남들이 쉽게 하지 못하고 도전하기 어려운 것을 내가 할 수만 있다면 그 일은 성공이란 이름으로 돌아올 것입니다. 꾸준함이 바로 그것입니다. 주위를 돌아보면 매일 같은 일을 꾸준하게 오랫동안 하는 사람을 찾아보기 어렵습니다. 그렇기 때문에 경매 시장에도 뜨내기처럼 잠시 왔다 떠나는 사람이 80%가 넘습니다. 여러분은 부디 20%에 남아 여러분만의 놀이터에서 뛰어노는 경매인이 되시길 바라겠습니다.

이 책을 통해서 경매를 처음 도전하는 분들이 용기를 얻어가셨으면 합니다. 이 책은 성공 사례만 나열하지 않았습니다. 경매는 훈련의 영역입니다. 단순히 운에 기대어 도전해서는 결코 오래할 수 없죠. 그래서 여러분이 경매의 각 과정에서 어떤 일을 해야하는지 간단하면서도 명쾌하게 전달드리기 위해 노력했습니다. 경매의 전 과정을 어떤 식으로 이어나가고 훈련해야 하는지 읽어보시며 많은 인사이트를 얻어가셨으면 좋겠습니다.

뜨거웠던 여름, 송도 현대아울렛 지하에 있는 교보문고의 그날을 아직도 생생히 기억한다. 내 인생을 송두리째 바꿔준 운명적인 그 순간.

당시 나는 현재의 아내인 여자친구와 함께 데이트를 하려고 아울렛을 찾았다. 맛있는 음식도 먹고, 옷도 쇼핑하며 즐겁게 여기저기를 돌아다니다가 여자친구는 "교보문고에 들러 책 구경할래?"라고 물었다. 그때의 나는 1년에 단 한 권의 책도 읽지 않는 평범한 직장인이었다. 연애를 시작한 지 얼마 되지 않은 탓에 밉보이기 싫어서 억지로라도 서점을 향해 따라나섰다.

교보문고에는 나의 예상과 달리 너무 많은 사람들이 있었고, 저마다 눈을 반짝이며 책들을 탐독하고 있었다. '음… 생각보다 책 읽는 사람들이 많구나.' 서점의 코너들은 흥미로운 책들로 가득했다. 소설, 인문학, 자기계발, 과학, 사회 등 다양한 눈요깃거리에 여기저기를 서성거리다 경제 서적 코너에 들른 나는 눈에 띄는 책 한 권을 손에 들었다.

그때부터였다. 나의 모든 순간과 미래가 하나하나 바뀌기 시작했다. 그것은 운명의 책이었다.

나의 심장이 설렘과 흥분으로 두근거리기 시작한 건 정말 오랜만이었다. 나는 순식간에 책 속으로 빨려 들어가기 시작했다. 세상은 내가 알고 있는 게 전부가 아니었다. 치열한 삶을 살아가는 사람의 모습이 담긴 이야기와 부동산 투자가 섞여 많은 사람을 새롭게 꿈꾸게 하는 책의 이야기는 내게 큰 충격을 안겨주었다. 잘 다니던 직장을 때려치우고 전업투자자로 뛰어든다는 것이 얼마나 어려운 일인가. 일반적인 사람이라면 감히 상상조차 하기 힘든 일일 것이다. 그것도 아이들이 한참 학교를 다니는 가장의 무게를 짊어지고 말이다.

그뿐인가. 이 책에서는 아파트 투자를 통해 어떻게 돈을 벌 수 있는지 생생한 사례를 소개하고 전략들도 안내되었다. 그렇게 주위의 모든 사람과 사물들이 내 시야에서 사라지고 그 자리에서 책과 나는 오롯이 둘만 존재했다. 그렇게 한참을 책 속에 빠져있던 나를 툭툭 흔들어 정신을 차리게 한 여자친구는 "그 책이 그렇게 재밌으면 그냥 하나 사~"라고 말했다. 아마 그 이후로 내가 이렇게 독해질 걸 알았다면 과연 그런 말을 했을까?

나는 그날부터 책을 읽고 읽고 또 읽었다. 부동산 경매라고 쓰인 책이란 책은 모두 읽어보았고, 책에 나온 내용이 완전히 내 머릿속에 새겨질 때까지 헤집었으며, 내가 이해한 게 맞는지 여자친구와 부모님께 설명하며 스스로 공부했다. 그럴수록 내 생각은 더욱 명확해졌다. '그래, 나는 오늘부터 부동산 경매에 모든 걸 걸겠어!'

26세의 나는 그렇게 처음으로 내 인생의 주인이 되어갔다.

차례

경매를 이제 막 시작하는 분들에게 ★ 4

1일차 돈이 없을수록 경매가 답이다

우리 집은 어렸을 때부터 가난했었고 ★ 14
초등교사, 미래에 대해 고민하다 ★ 19
내가 가진 돈은 단 3000만 원 ★ 23
구열아, 왜 거기 살아? 이사해! ★ 28
꿈속에서도 부동산 투자를 하다 ★ 32
경매의 9할은 마인드 ★ 35
경매로 직장인 연봉만큼 벌기 ★ 39
자격도 나이도 필요 없다 ★ 43
소액으로 도전하는 투자사례 ★ 48

2일차 경매의 꽃, 권리분석

한 번에 보는 경매 절차 ★ 59
말소기준만 찾으면 끝 ★ 64
대항력, 권리분석의 모든 것 ★ 68
낙찰금은 어디로? 배당의 순서 ★ 73
소액임차인 최우선 변제제도란? ★ 77
임차권 등기의 함정 ★ 81
부동산 품질 보증서, 매각물건명세서 ★ 85

3일차 보물 찾기 시작~!

누가 빨리 적응하나, 물건검색 훈련법 ★ 90
경매 물건검색 훈련법 ★ 95
첫째도 둘째도 셋째도 입지 ★ 105
경매인의 필수품, 지도 활용법 ★ 110
아파트 검색은 이렇게 ★ 118
빌라 검색은 이렇게 ★ 123
하지 말아야 할 부동산 ★ 127

4일차 시세조사

바보야, 진짜는 시세야 ★ 136
감정가의 함정에 빠지지 말자 ★ 139
사고, 팔고, 투자하라 ★ 142
뭐라고 물어봐야 하나요? ★ 146
내 마음속 결정은? ★ 150
진짜 고수는 신건 때 움직인다 ★ 153
아파트 시세조사 팁 ★ 158
빌라 시세조사 팁 ★ 162

5일차 신발 닳는 만큼 돈을 번다, 임장의 세계

입찰 전, 마지막 단계 ★ 168
탐정이 되어라! ★ 175
부동산 방문 ★ 179
시세는 내가 결정한다! ★ 184
임장이 끝나도 집으로 돌아오지 마라 ★ 190
입찰가 산정의 비밀 ★ 192

6일차 결전의 날, 입찰일

법원은 처음이지? ★ 203
분위기에 휩쓸리지 말자 ★ 209
패찰과 낙찰의 감정들 ★ 213
이제 어떡하지? ★ 218

7일차 명도와 대출, 임대까지 마무리

경매의 꽃, 명도 ★ 226
내용증명으로 내 패를 보여주자 ★ 237
명도확인서를 활용하자 ★ 241
인테리어 하나로 가치는 점프 업 ★ 244
임대와 매매의 기술 ★ 250

우리 집은 어렸을 때부터 가난했었고
초등교사, 미래에 대해 고민하다
내가 가진 돈은 단 3000만 원
구열아, 왜 거기 살아? 이사해!
꿈속에서도 부동산 투자를 하다
경매의 9할은 마인드
경매로 직장인 연봉만큼 벌기
자격도 나이도 필요 없다
소액으로 도전하는 투자사례

1일차

돈이 없을수록 경매가 답이다

우리 집은
어렸을 때부터
가난했었고

　가수 god의 노랫말이다. 그렇다. 내가 태어난 우리 집은 가난했었다. 단칸방에서 신혼살이를 시작한 부모님은 붕어빵, 수박, 포장마차, 구멍가게 등 안 해본 일 없이 닥치는 대로 일을 했다. 당연히 이제 갓 태어난 첫째 아들을 돌보기엔 생활의 벽이 너무나도 높았다. 그렇게 나는 이모의 집에 맡겨져 갓난아기 시절을 보냈다. 매일 쏟아지는 일을 감당하지 못해 일주일에 하루, 그것도 단 몇 시간을 나를 보러 광주에서 목포까지 차를 타고 오셨다. 노란 콧물을 흘리며 종일 울기만 하는 나를 껴안고는 펑펑 울음을 터트리셨다.

당시 아빠의 인생 목표는 오로지 단 하나. '내가 기필코 이 집안을 가난에서 벗어나게 하고 말리라.' 그때부터였을까. 부모님은 몸이 아파도 비가 와도 눈이 와도 언제나 일을 멈추지 않으셨다. 어렸을 때의 기억을 돌이켜보면 매일 출근하는 아빠와 엄마, 집 한 켠에는 신발 밑창을 덧붙이는 일을 부업으로 삼아 일을 하던 부모님의 뒷모습이 떠오른다.

그렇게 매일 일을 하며 열심히 돈을 모은 부모님은 내가 네 살이 되던 해, 주공아파트를 매매해서 들어가셨다. 자그마한 15평짜리 아파트였지만 부모님은 호텔 방도 부럽지 않을 정도로 기뻐하셨다고 한다. 얼마나 기뻐했는지 어린 내가 이삿짐을 나르는 사다리차를 올려다보며 엄마의 손을 꼭 부여잡은 그 순간의 모습이 지금도 영화처럼 기억에 남아 떠오르곤 한다. 그런 기쁜 추억에도 아픔이 서려 있다.

어른이 되어 옛날 이야기를 나누다 보면 항상 빠지지 않는 일화가 있다. 아빠는 결혼을 하고 동창들과 계모임을 만들어 매달 돌아가며 서로의 집에서 식사를 했었다고 한다. 아빠의 친구들은 모두 엄청난 재산을 물려받아 으리으리한 아파트와 멋진 차를 끌고 초대를 했다. 그러다 우리 집의 차례가 되어 모임을 가지게 되었고, 우리 집에 온 아빠의 친구들은 말했다.

"어떻게 이런 집에서 살 수가 있냐. 다음부터는 집으로 오라고 하지 말고 밖에서 밥 먹자."

어렵게 돈을 모아 이사를 간 우리의 첫 아파트는 그렇게 쓰라리게 짓밟혔다.

그 어린 나이에 우리 집이 생각보다 좋지 않다는 것을 나도 모르게 인식을 하고 있었나보다. 초등학교 4학년 때의 일이다. 학교가 끝나고 친구들과 하교를 하는데 나를 좋아하며 따라다니던 여자아이가 계속해서 나를 따라오는 것이었다. 나는 우리 집이 주공아파트라는 걸 보여주기 싫었고, 자연스레 그 옆의 좋은 아파트로 발길을 돌렸다. 마치 그 집이 우리 집임을 보여주고 싶은 것처럼. 그렇게 가난은 우리의 삶에 지울 수 없는 상처들로 흔적을 남겼다.

그러나 운이 좋게도 우리 집은 30년이 지나 가난과는 거리가 먼 모습이 되었다. 과연 무슨 일이 있었던 것일까?

당시 아빠의 친구들은 물려받은 재산을 도박과 술 등에 모두 날린 뒤 해외로 도피하고, 신용불량자가 되어있다. 지금의 부모님은 동창 모임을 하면 전설 속 인물처럼 알려져 있다. 그 가난했던 집이 이제는 모임에서 제일 가는 부자가 되어 초등학교 동문 회장을 하고 편하게 노후를 보내는 부러운 집이 되어버린 것이다.

어떻게 된 것일까? 우리 집은 착실하고 성실하게 일을 하며 우리는 더 넓은 아파트, 더 넓은 아파트로 이사를 했다. 모두 전세나 월세가 아닌 매매를 했고, 세월이 흘러 뒤를 돌아보니 그 집들이 우리의 자산을 쑥 올려주었다. 이제 와서 물어봤다.

"왜 우리는 전세나 월세로 안 들어가고 항상 매매를 했어?"

"그때는 남의 집에서 사는 게 너무 싫었어, 당연히 우리 집이 있어야 된다고 생각하고 대출을 받아서 집을 샀지."

만약 그때 전세나 월세를 살았다면 아직도 매일 일을 하며 노년을 보냈어야 할지도 모른다. 시간이 지나면 부동산은 자연스럽게 오르게 되어있다는 사실, 갈아타기를 통해 더 좋은 집으로 가야 한다는 사실을 운이 좋게도 지나보니 깨닫게 된 것이다. 게다가 돈이 모여 현금이 생기면 자그마한 땅을 사모으기 시작했다. 그 땅들이 이제는 몇 배의 자산이 되어 돌아와 어떻게 하면 이 땅을 활용할지 생각하는 행복한 고민에 빠져있다.

그렇다. 자본주의 사회에서는 결국 소유권의 싸움인 것이다. 부동산은 장기 우상향한다는 사실, 그리고 그 상승의 모든 수익은 소유권자만이 누리게 된다는 간단한 진리를 30년 세월 간 직접 몸소 느꼈고 결과로 증명을 해냈다. 지금도 많은 교육생들이 우리 '딱쉬운경매'의 문을 두드린다. 많은 고민 상담을 진행했고 공통점을 발견했다.

"그때라도 살 걸 그랬어요. 그게 가장 후회돼요."

"그때라도 해볼 걸 그랬어요. 이제 와서 도전해보네요."

우리는 항상 선택의 기로에서 고민을 한다. 한 서울대 교수가 다음과 같은 말을 했다.

갈까 말까 할 때는 가라.
살까 말까 할 때는 사지 마라.
말할까 말까 할 때는 말하지 마라.
줄까 말까 할 때는 줘라.
먹을까 말까 할 때는 먹지 마라.

여기에 한 가지를 덧붙이고 싶다.

"할까 말까 할 때는 무조건 해라.
인생은 결코 길지 않다."

초등교사, 미래에 대해 고민하다

'2015년 03월 01일자, 대한민국 초등교사로 광명교육청에 발령을 명함.'

학창 시절 뜬 눈으로 밤새우고 공부하며 교대에 입학하고, 임용고시에 합격한 내 결과물이었다. 광명의 한 초등학교에 발령이 나고 맡은 나의 소중한 첫 교실은 작고 아담했다. 초등학생들이 앉는 책걸상이라 그런지 모든 것들이 귀엽고 앙증맞았다. 그렇게 천직으로만 생각했던 초등교사의 생활은 시작됐다.

교사 생활은 수업 준비, 학생 관리, 행정 업무 처리 이 세 가지 일의 무한 반복이었다. 수업을 준비하고 기획하며 실제로 진행하는 것은 교대 생활에서 배운 이론과는 너무나도 달랐고 모든 것이 실전이었다. 그러나 그보다 더 난해하고 복잡한 일이 있었는데 그것은 바로 아이들이었다. 자그마한 생명체들이 일으키는 돌발적인 일들은 초임교사에게 꽤나 큰 스트레스로 다가왔다.

'그래도 내가 이 일을 평생 해야 하니 방법을 찾아보자.'

동료 교사와 서로의 경험을 공유하고 선배 교사에게 어떻게 대처해야 하는지 묻고 또 물었다. 그러던 어느 날, 학교의 회식 자리가 열렸고 동료와 선배 교사 모두가 모여 즐겁게 시간을 보내고 있었다. 시간이 얼마쯤 흘렀을까? 한 선배 교사가 나에게 물었다.

"백 선생은 승진할 거지?"

나는 쉽게 대답을 하지 못했다. 남자 교사라면 당연히 거쳐 가야만 하는 승진이라는 길. 나이 많은 남교사는 아이들도 싫어하고 학부모도 싫어하니 교무실에 들어가 학교 관리를 하는 게 맞다는 수많은 선배 교사의 조언들은 조금씩 나의 생각을 바꿔나갔다. 그래, 이왕 이 길에 들어섰으니 교장선생님도 해보고 장학사도 해봐야지!

아이들이 모두 하교하고 내게 승진에 대해 물었던 선배교사를 찾아갔다.

"선생님, 승진을 하려면 어떻게 해야 하나요?"

"백 선생, 드디어 승진하려고 마음 먹었구나~. 그래, 남자는 무조건 승진을 해야 돼! 일단 남교사들끼리 술자리가 만들어져 있으니깐 다음부터 거기 참석해~. 교장선생님도 오시니깐 행동 똑바로 하고!"

"네, 알겠습니다."

"그리고 술은 잘해?"

"아뇨, 제가 술을 잘 못 합니다, 선생님."

"백 선생, 승진을 하려면 술을 좀 먹을 줄 알아야 돼~. 일단 그날 보자고."

아, 승진을 하려면 술을 잘해야 하는구나. 술을 잘하지 못하는 나는 항상 이런 술문화가 반갑지 않았다. 그렇게 며칠이 지나 술자리를 가지게 되었다. 참 이상한 풍경이었다. 모두가 술은 마시고 이야기는 하는데, 눈빛이 매서웠다. 모든 결정권을 가진 교장선생님의 눈에 벗어나지 않게 애를 쓰며 서로를 견제하는 그곳은 모임보다 전쟁터 같았다.

'나 진짜 승진할 수 있을까…'

그렇게 하루하루를 버티며 생활을 하니 꿈에 그리던 첫 월급날이 다가왔다. 첫 월급 180만 원이 통장에 찍힌 그날을 아직도 생생히 기억한다. 부모님께 용돈도 드리고 조금은 저축도 해보고, 내가 사고 싶은 물건도 살 수 있다니! 너무 행복했다.

그렇게 한 달 뒤, 통장에 찍힌 180만 원은 신기루처럼 사라졌다. 180만 원이라는 돈은 생각보다 작은 액수였다. 소비욕이 거의 없는 나도 월세, 교통비, 통신비, 보험료 등 기본으로 나가는 금액에 데이트 비용, 식비 등을 뺐더니 통장에 딱 70만 원밖에 남지 않았다. 70만 원씩 1년을 모으면 840만 원, 10년을 모으면 8400만 원. 물론 월급은 조금씩 더 오를 테지만 뭔가 답답했다. 가난한 삶은 아니지만 이대로는 절대 부자가 될 수 없는 애매모호한 삶의 연속.

남들은 이야기한다.

"초등학교 선생님이면 직장도 정년까지 보장이 되고, 방학도 있어서 시간도 많잖아."

나도 한때는 그런 삶도 나쁘지 않다고 생각했다. 적당히 일을 해도 월급은 매달 꾸준히 나오고 출근과 퇴근이 명확해서 개인 시간도 많다. 방학이 되어도 월급은 나오니 생활을 할 수 있고 사회에서 초등학교 선생님이라면 어느 정도 인정도 해준다. 그런데, 그런데 부자는 될 수 없을 것 같았다.

그렇게 애매모호한 초등교사 생활은 이어져갔다.

1일차
내가 가진 돈은 단 3000만 원

모든 직장인이 그렇듯 매일 쳇바퀴 도는 삶이 계속됐다. 월화수목금을 출근하고 금요일 저녁부터 토요일까지는 기분이 좋아졌다가, 일요일 밤이 되면 월요병(월요일에 출근하는 게 싫어 마음이 우울해지는 병)은 반복되었다. 앞서 말했지만 그다지 물욕이 없었던 나는 그동안 꽤 큰돈을 모았다. 자취를 하던 보증금 2500만 원짜리 원룸은 2000만 원의 대출을 받아 들어갔지만 대출을 모두 갚고 약 1000만 원이 추가로 통장에 예금되어 있었다. 정말 열심히 아끼고 모은 돈이었기에 함부로 쓰기가 싫었고 그냥 두는 것보다 투자라는 것을 해보고 싶었다. 그러나 한 번도 재테크에 관심을 가져본 적이 없었던 나는 무엇으로 돈을 불려야 할지 몰랐다.

일단 컴퓨터를 열고 재테크 관련 글들을 읽어봤다. 재테크의 종류는 너무 다양했고, 알 수 없는 글들로 가득했다. 그중 무료로 자산 관리 상담을 해준다는 문구를 보았다.

'무료인데 연락이라도 해볼까?'

그렇게 문자를 남겼고, 잠시 후 전화가 걸려왔다.

"안녕하세요, 무료 자산 관리 상담 신청하셨죠?"

"네, 진짜 무료로 해주시나요?"

"당연하죠, 대신 만나서 상담을 해야 하는데 어디에서 뵐까요?"

"음, 그러면 제가 사는 집 근처 카페에서 만나면 좋을 것 같아요"

만나기로 약속을 한 당일, 카페에서 기다리는데 고급 외제차 한 대가 주차를 하더니 말끔한 양복을 한 남자 한 분이 걸어왔다. 아직 어린 나이였던 나는 그 모습에 기가 죽으면서도 그 남자에게 왠지 모를 신뢰감을 느꼈다.

그렇게 직업과 소득을 묻고 여러 가지 이야기를 하며 유대감을 형성하더니 지금 가진 돈을 투자해야만 돈을 벌 수 있다며 '변액보험 가입신청서'라는 서류를 보여주었다. 은행에 단순 적금하는 것과 비슷한 개념인데 몇몇 펀드에 가입되어 훨씬 높은 수익률로 돌려준다는 이야기였다. 은행 이자보다 더 높은 수익을 준다니 이거야말로 재테크의 시작이 아니겠는가. 다가올 앞날을 모른 채, 그 서류에 서명을 했고 부푼 꿈을 안고 기다리기 시작했다. (아직도 그 서류에 서명을 하던 과거의 나에게 멈추라고 이야기하고 싶다.) 나는 한 달에 100만 원을 적금 형태로 펀드에 투자하는 것으로 계약을 했고 그렇게 5개월이 지났다. 얼마나 불어있을지 궁금했던 나는 해당 계좌를 오픈해봤다. 그런데 이게 왠일인가. 500만 원 플러스 알파가 아니라, 400만 원이 찍혀 있었다.

'어라, 100만 원씩 5개월이니깐 최소 500만 원은 있어야 하는데…'

식은땀이 흘렀다. 도대체 어떻게 된 것일까?

전화를 해서 알아보니 변액보험은 펀드를 굴리기 때문에 그것을 운영하기 위한 사업비로 100만 원 중 20만 원을 무조건 떼는 것이라고 한다. 세상에나, 어안이 벙벙했다. 사업비가 발생하여 따로 떼어간다는 이야기를 들은 적이 없다고 당장 계약을 취소하겠다고 했지만 해약 위약금이 50%란다. 이런 양아치

들. 그렇게 나는 해약을 했고 마이너스 50% 수익률을 기록했다. 돈을 벌겠다고 나섰던 사회는 너무나도 차갑고 냉혹했다. 나는 공부만 잘했지, 세상을 모르는 헛똑똑이였던 것이다. 어떻게 사회초년생에게 이런 계약을 하게 만드나 싶으면서도, 세상은 돈 앞에서 눈물도 없이 차갑기만 하다는 것을 느끼게 되었다.

생각을 정리했다. 무료 자산 상담을 한다고 왔던 그 사람은 멋있는 탈을 쓴 사기꾼에 가까웠고 경제의 본질을 모르면 내가 가진 모든 것을 빼앗길 수밖에 없다는 결론에 이르렀다.

'지금부터 뭘 해야 하지? 그래, 남들에게 맡기지 말고 내가 직접 투자할 수 있는 것을 공부해보자.'

많은 재테크를 찾아보았다. 금, 피규어, 신발, 골동품. 세상에 돈을 버는 데는 한계가 없구나. 그렇다고 해서 생전 알지도 못하는 곳에 섣불리 투자하는 것도 문제가 있었다. 결국 적은 돈으로 할 수 있는 것은 주식 투자밖에 없었다. 아빠에게 전화를 걸었다.

"아빠, 재테크를 하려고 하는데 주식을 좀 해볼까?"

"아들아, 주식은 절대 하지 마라. 100명 중에 1명이나 돈 벌지, 나머지는 전부 돈 잃고 패가망신한다."

주식과 관련한 부정적인 이야기를 어렸을 때부터 들어서 그런지 내 머릿속에는 주식을 하면 정말 큰일 나는 줄로 알고 있었다. 그렇다고 적금만 하자니 미래가 보이지 않았다.

결국 떠오른 것은 부동산이었다. 그런데 부동산은 너무 큰돈이 드는 투자처였다. 최소 몇천만 원에서 억 단위가 필요했다. 수중에 단 3천만 원밖에 없었던 젊은 나에게 도저히 길이 보이지 않았다. 그렇게 시간만 흘러갔다.

구열아, 왜 거기 살아? 이사해!

내가 다니던 학교에 한 선생님이 부임 오셨다. 남자 선생님, 32세, 미혼. 50명에 가까운 선생님 중 남자는 나 포함 5명밖에 없었기에 같은 학년이 된 그 선생님과 나는 친해져서 형, 동생 하는 사이가 되었다. 이런저런 이야기를 하던 중 형이 정말 말도 안 되는 이야기를 해주었다.

"구열아, 너 돈 얼마 있어?"

"저 보증금이랑 모아놓은 것까지 하면 3000만 원 정도 있어요."

"그 정도면 집을 하나 살 수 있는데, 너도 집 하나 사."

나는 이 형이 머리에 총을 맞았다고 생각했다. 3000만 원으로 집을 사라니 이 형도 변액보험 사기꾼이 아닌가 했다.

"3000만 원밖에 없는데 무슨 집을 사요! 말도 안 되는 소리예요."

"아냐. 진짜야~, 너 갭투자라는 것 알아?"

"뭔 투자요?"

"갭투자~. 아, 너 잘 모르는구나. 형은 그렇게 해서 이미 집도 하나 샀어."

"갭투자가… 뭐예요?"

"종이랑 볼펜 가지고 이리 와봐."

그렇게 매매가와 전세가의 차이의 돈만으로 집을 살 수 있는 갭투자라는 단어와 의미를 알게 되었다. 소름이 돋았다. 종이에 적어주며 설명해주는 형의 이야기가 점점 합리적으로 들렸고, 심장이 두근대기 시작했다. 머리가 핑 돌았고, 별이 떠다니는 것 같았다. 진짜 그게 가능하다면, 정말 할 수 있는 것이라면 도전하고 싶었다.

집에 돌아가 갭투자를 검색했다. 진짜였다. 정말 존재하는 단어였고 이미 많은 사람이 갭투자를 하고 있었다.

'와, 정말 이런 세상이 있었구나. 역시 세상은 넓구나.'

나는 정말 헛똑똑이가 맞았다. 눈이 맑아지고, 숨소리는 설렘으로 가빠졌다. 빨리 이 사실을 알려주자! 여자친구에게 전화를 걸었다.

"여보세요?"

"자기야, 진짜 대박이야! 갭투자라는 게 있는데…."

그렇게 홀린 듯이 갭투자를 설명해주었다. 그렇게 통화 속 여자친구는 물어왔다.

"근데 이번에 전세 계약 끝나서 또 올려줘야 되잖아. 돈이 어디 있어서 갭투자를 해?"

그랬다. 3개월 후, 나의 전세 계약이 만기였다. 분명 집주인이 전세금을 올릴 것이었다. 그렇게 불타오른 나의 의욕은 꺾였다. 어떡하지?

다음 날 출근하여 형에게 해결 방법을 물었다.

"그럼 다른 곳으로 이사 가서 전세 대출을 많이 받아~. 전세 대출 이자가 지금 내는 월세보다 싸면 이득이잖아."

당시 자취하던 원룸은 2500만 원 보증금에 30만 원 월세를 살고 있었다. 학교 주변에 신축 오피스텔이 전세 8000만 원에 매물이 나와있는데, 청년은 대출을 90%까지 해주고 이자도 더 저렴하다는 사실을 알았다. 그곳에 전세대출을 받아 들어가면 이자가 겨우 20만 원밖에 하지 않았다. 어라, 그러면 새로운 집으로 이사가는 게 돈도 더 적게 들어가네?

"구열아, 지금 집은 오래됐는데 저기는 신축 오피스텔이잖아. 그냥 이사 가."

그렇게 자연스럽게 레버리지의 개념을 익혔다.

3개월 뒤, 나는 광명 이케아가 보이는 신축 오피스텔로 대출을 받아 이사를 갔다. 이삿짐을 정리하면서 창문으로 비치는 이케아의 야경은 얼마나 아름답던지 사진을 찍어두었다. 아직도 내 휴대폰에는 그날의 야경이 추억으로 남아있다. 그렇게 나는 부동산 투자의 길을 걸어야겠다는 마음을 먹었다.

꿈속에서도 부동산 투자를 하다

앞선 프롤로그에서 말했듯, 내 인생의 모든 초점은 부동산 투자로 맞춰졌다. 부동산 투자와 관련한 책이라면 내용을 가리지 않고 섭렵했고, 한 번 읽은 책의 지식이 잊혀질까봐 읽고 또 읽었다. 공부를 하면 할수록 부동산 투자에 대한 확신이 들었다. 오르내림은 있을 수 있지만, 영원불멸하는 부동산은 안정적인 우상향을 한다는 사실이 나를 매료시켰다. 누군가 그런 말을 했다. 부자가 되고 싶으면 부자 옆에 있어야 하고, 부자들이 하는 투자를 해야만 한다고. 나는 부동산이 부자의 투자처라고 믿었고, 나의 모든 열정을 쏟아부었다. 너무 집중한 탓에 눈다래끼와 입병도 날 정도였다.

당시 여자친구였던 나의 아내는 별안간 고문 아닌 고문을 당해야만 했다. 항상 가르치는 것을 직업으로 하는 나였기에, 내가 알게 된 부동산 지식을 아내에게 설명하고 가르치느라 관심도 없는 부동산 공부를 함께하게 된 것이다. 서당개 3년이면 풍월을 읊는다고 아내도 갭투자, 전세가율, 매매가 등 부동산 용어들을 자연스럽게 이해하고 사용하기 시작했다. 지금 와서 생각하면 참 미안한 면도 많다. 잘 연애하던 사람이 갑자기 데이트로 부동산 임장을 가자고 하질 않나, 아파트 분양홍보관에 줄을 서라고 하질 않나, 결혼을 했기에 망정이지 헤어지기라도 했다면 나는 정말 이상한 사람으로 소문이 제대로 났을 것이다.

그렇게 부동산 투자와 관련된 책을 섭렵하다 보니 '부동산 경매'를 통해 돈을 벌었다는 사람들이 꽤 많이 보였다. 그때까지는 단순히 아파트 투자를 통해 차익을 실현하는 갭투자에만 관심이 많았는데 계속해서 단어를 접하다 보니 궁금증이 생기기 시작했다. 경매라는 건 미술품이나 예술품, 시장에서 파는 물건밖에 떠오르지 않는데 부동산도 경매를 한다는 사실이 흥미로웠다. 내가 지금 공부하는 갭투자의 수익률도 좋지만 그보다 더 싼 가격으로 아파트를 매입할 수만 있다면 수익률은 두 배, 세 배로 껑충 뛰는 것이니 안 할 이유가 없었다.

그래, 부동산 경매도 공부해보자. 한 번 시작하면 끝을 보는 성격을 가진 나는 지금까지 집중했던 부동산 투자에 경매 공부까지 손을 대기 시작했다. 얼마나 지독했는지, 지금의 아내인 여자친구와 함께 여행을 떠났을 때 여행 캐리어 안에는 부동산 경매 책을 가득 실었고, 비행기 안, 관광지, 카페, 숙소에서도 책을 내려놓지 않았다. 아내는 이야기했다.

"어휴, 여행까지 와서 이럴거야?"

"나는 무조건 경매로 성공하고 말 거야. 나중에 이렇게 하기를 잘했다고 생각할걸?"

"알아서 해. 여행할 때는 여행만 해."

"그런데 우리 투자금이 조금밖에 없는데, 결혼하면 몸테크를 좀 하는 게 어때?"

"무슨 몸테크야? 남들은 좋은 신혼집으로 가는데."

"한 번만 나를 믿고 작은 집으로 구하자."

"아, 몰라! 알아서 해!"

그렇게 잠이 든 날, 꿈속에서도 부동산 투자를 하며 웃는 나를 발견했다.

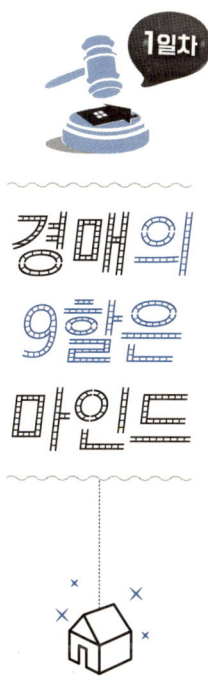

경매의 9할은 마인드

부동산 공부와 경매 공부는 정말 지겹도록, 달달 외우도록 공부를 했다. 실제 물건을 보면서 모의 입찰도 해보고 수익률 계산도 돌려보았다. 그런데 도저히 실천을 할 용기가 나지 않았다. 밤을 지새울 정도로 생각하고 공부했는데 왜 도전하지 못할까? 실제 우리 교육생들의 공통적인 고민이 그 당시 내게도 존재했다. 이론상 하면 된다는 것은 알겠는데, 한두 푼도 아닌 몇천만 원이 들어가는 투자를 하기에는 용기가 부족했다.

이런 내 마음을 읽고 도전할 수 있도록 확신과 용기를 불어줄 멘토가 필요했다.

그렇게 전국에서 유명하다는 경매 강의를 찾아보기 시작했다. 백화점에서 열리는 1회성 강의를 들으러 주말 스케줄은 꽉 채워졌고, 집에 돌아와서도 인터넷으로 많은 강의를 들었다. 복습하고 또 복습을 했는데도 부족했다. 단순히 강의를 듣는 것은 혼자 공부하는 것을 정리만 하는 것뿐이지, 더 나아지는 것은 없었다.

'그래, 내가 도전하는 물건을 하나하나 지켜봐줄 멘토를 알아보자.'

여기저기 부동산 경매 학원을 알아봤다. 학원비는 결코 적은 비용이 아니었다. 대부분의 학원이 500만 원 정도의 수업료를 요구했다. 사회초년생인 나에게는 꽤 큰 금액이었다. 과연 이 돈을 내고 배우는 것이 잘한 선택일까? 괜한 곳에 돈을 써서 아까운 투자금을 날리는 것은 아닐까? 많은 고민을 했다. 그런데도 도전하고 싶었다. 단순히 헬스장에 가서 개인 훈련을 받아도 150만 원을 내는데, 평생 돈을 벌 수 있는 기술을 배우는 비용이라고 생각하니 아깝지가 않았다. 그런데 당시 내 통장에는 단 100만 원밖에 없었다. 그래, 지금 사는 전셋집을 월세로 돌려 투자금을 마련하자. 그 자리에서 집주인께 연락하여 2주

뒤 월세로 재계약을 했다. 이젠 학원비도 마련됐고, 투자금도 3000만 원이 생겼다. 그 주 주말, 바로 경매 학원에 등록했다.

지금 생각해보면 추진력이 참 대단했다. 학원 수업이 끝나면 아내와 함께 서울 곳곳을 누비며 임장을 갔다. 임장이 끝나면 밤 8시, 9시가 되었고 함께 치킨에 맥주를 마시며 훗날 부자가 되어 크게 웃고 있을 우리를 상상하며 매일을 보냈다. 그렇다. 경매든 투자든 모든 것의 기본은 마인드부터 시작하는 것이었다. 지금도 많은 교육생에게 문의가 들어온다. 그분들이 가진 여러 고민들 중 가장 많은 비중을 차지하는 것이 바로 '용기가 없고, 두렵다는 것'이다.

마음만으로 성과를 얻을 수 있는 일은 아무것도 없다. 머릿속 생각을 행동으로 옮기는 자에게만 결과가 생긴다. 잠시 생각해보자. 우리가 행동하지 못하는 이유는 몰라서가 아니다. 그저 해보지 않은 일이라 두려워서이다. 오히려 아는 것이 독이 될 때가 있다. '이 물건은 대항력이 있어서', '이 물건은 위반건축물이 걸려서', '이 물건이 팔리지 않을 것 같아서…' 지금껏 정말 많은 분을 만나 뵙고 상담을 했지만 행동하지 않는 분들은 행동하지 않을 이유를 찾는다. 그러나 그런 사람에게는 결과가 생기지 않는다. 일단 움직이고 행동해야 결과를 얻지 않겠는가. 그래서 나는 경매의 9할은 긍정의 마인드라고 생각한다.

경매에 관한 지식은 책이나 유튜브를 통해서 얼마든지 습득할 수 있다. 그러나 긍정의 마인드는 배운다고 생기는 것이 아니다. 무의식의 내면에 뿌리 깊게 박힐 정도로 훈련을 해야 하고, 문제를 맞닥뜨리면 해결할 수 있다는 자신감을 가져야만 한다. 경매를 하다보면 예상치 못한 문제를 만나는 일이 너무나도 많다. 명도 과정에서 허무맹랑한 이야기를 늘어놓는 채무자를 만나기도 하고, 생각보다 대출이 안 나와 발을 동동거리기도 하며, 낙찰을 받아놓고도 법리적 이유로 인해 취하가 되는 일도 잦다. 그러나 이 모든 것은 시간이 지나면 다 해결이 될 일이다. 지금 당장은 힘들고 어렵게 느껴지지만 그 일을 이겨내고 성취를 이뤄냈을 때의 쾌감을 상상해보자. 그 경험 하나하나가 쌓여 여러분의 앞길을 환히 비춰줄 것이다.

눈이 덮여 길이 안 보인다고 길이 없는 것은 아니다. 밝은 햇살이 비치면 반드시 길은 나타날 수 밖에 없으니 매사를 긍정의 마인드로 바라보길 바란다.

경매로 직장인 연봉만큼 벌기

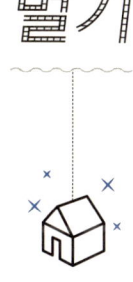

경매로 직장인의 연봉만큼 벌 수 있다는 말은 사실일까? 나는 100%에 확신으로 말할 수 있다. 사실이다.

2023년 직장인의 평균 연봉은 다음과 같다.

2023년 대한민국 직장인 평균연봉

- 사원 평균연봉(1~2년차) : 3014만 원
- 주임 평균연봉(3~4년차) : 3321만 원
- 대리 평균연봉(4~8년차) : 4011만 원
- 과장 평균연봉(8~12년차) : 4841만 원
- 차장 평균연봉(12~17년차) : 5645만 원
- 부장 평균연봉(17~22년차) : 7155만 원

▲ 취업전문사이트 잡코리아 통계

 연차와 직급에 따라 다르겠지만, 10년 정도 근무한 직장인의 연 소득은 약 4500만 원 정도라고 볼 수 있다. 이 역시 세전 연봉이기에 실제 소득은 이보다 더 낮을 것으로 판단된다. 그렇다면, 정말 경매로 직장인의 연 소득만큼을 벌 수 있을까?

 내가 실제 낙찰받은 인천의 작은 빌라를 통해 수익을 계산해보자.

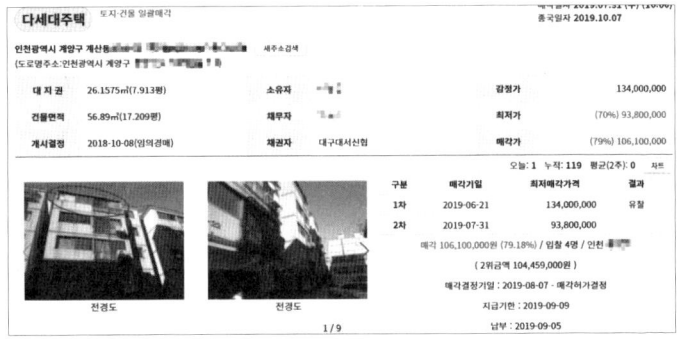

위 물건은 2019년 6월에 낙찰을 받은 물건이다. 20년의 세월이 흐른 빌라였고, 내가 나온 대학교와 가까이 있어 관심을 가지고 있었던 물건이다. 당시 이 빌라의 시세는 1억 3000만 원이었고, 나는 1억 600만 원에 낙찰을 받았다. 이것만으로 벌써 2400만 원의 시세차익을 얻게 된 셈이다. 이때는 주택 취등록세 규제나 대출에 대한 규제가 없었기 때문에 전세나 월세를 세팅하는 것이 기본이었다. 나는 이 물건을 월세로 세팅을 했고 보증금이 2500만 원에 월세 50만 원을 받기 시작했다. 심지어 대출이 80%인 8500만 원이 나와서 최종적으로 이 물건에 투자된 금액은 모두 회수가 되었다. 들어간 돈이 전혀 없이 매달 이자를 제외한 월세 수익이 25만 원이 들어왔으니 수익률은 무한대였다. 그렇게 시간이 흘러 2022년 이 빌라를 1억 5500만 원에 매도를 했다.

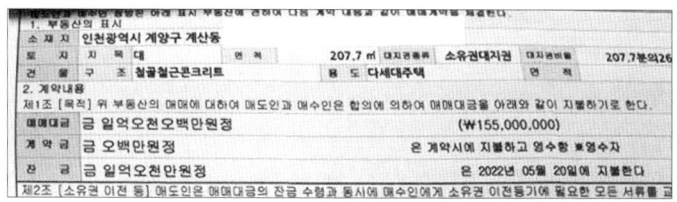

정리하면 2019년에 낙찰받은 물건에 들어간 투자금은 전혀 없으며 매달 월세를 받은 후, 4년 뒤 5000만 원의 시세차익을 얻었으니 경매의 장점을 십분 활용한 투자인 것이었다. 만약 이

물건을 받은 후 바로 팔았다면 세금 등을 제외해도 2000만 원의 차익을 남겼을 것이다. 1년에 단 한 건의 낙찰만으로 2000만 원을 벌게 되니 이거야말로 남는 장사인 것이다. 이런 물건을 1년에 딱 2개만 진행해도 직장인 연봉인 4000만 원은 누구든지 남길 수 있는 시장이 바로 경매 시장이다.

해보지 않은 사람들은 의심부터 하기 시작한다. '경매 시장은 너무 많은 사람들이 몰려 끝물이고, 수익을 거의 나지 않을 만큼 높게 낙찰이 된다.' 사람은 자기가 듣고 싶은 대로 듣고, 보고 싶은 대로 보는 동물이다. 의심을 하는 사람들은 의심하기 위한 이유를 찾고, 수익을 내는 사람들은 수익을 낼 수 있는 방법을 찾는다. 경매로 낙찰 받고 수익을 내는 기술을 터득만 한다면 누구든지 직장인 연봉만큼은 무조건 벌 수 있다.

그래서 경매시장은 놀이터나 다름없다. 경매를 아는 사람들은 남들이 상상할 수 없는 세계에서 즐겁게 뛰놀고 있다. 다른 사람들은 적정 시세를 모두 주고 매매하지만, 나는 그보다 수천만 원은 싸게 사서 마진을 남기는 이 시장을 사랑한다. 경매의 방법과 기술만 알면 경매로 직장인 연봉만큼 벌기는 실제 가능하며 현재 '딱쉬운경매' 교육생들도 수익을 내고 있다. 어떤가? 평생 동안 아무런 제한 없이 써먹을 수 있는 경매의 놀이터에서 놀고 싶지 않은가?

1일차

자격도 나이도 필요 없다

경매는 도대체 어떤 매력이 있길래 사람들이 문을 두드리는 것일까? 경매를 도전하기에 앞서 어떤 장점들이 있는지 알아보자.

1. 소액으로 도전 가능하다

부동산 투자는 기본적으로 많은 돈이 투자된다. 적게는 수천만 원에서 억 단위가 넘는 금액까지. 그래서 섣불리 도전하기 어려운 투자 상품이라는 인식이 강하다. 그러나 경매는 자본금이 적어도 도전할 수 있다. 그 이유가 뭘까? 바로 대출이라는 강력한 무기가 있기 때문이다. 대출이라면 일반 부동산에서도 해주는데 과연 어떤 점이 다르다는 것일까? 경락잔금대출(경매낙찰잔금대출)은 독특한 특징을 가지고 있다.

우선 부동산 경매 제도에 대한 이해가 필요하다. 부동산 경매는 왜 진행될까? 바로 경제흐름을 꽉 막히게 하는 악성 채권을 회수하고 선순환 구조를 만들기 위함이다. 부동산 경매가 없으면 채권이 제때 돌지가 않아 돈맥경화가 와서 경제는 점점 무너지기 시작할 수밖에 없다. 결국 부동산 경매는 경제의 선순환을 위해 반드시 필요한 것이다. 이를 이해하지 못한 사람들이 경매란 나쁜 투자이고, 하면 큰일난다고 주장하는 것이다.

과연 돈을 갚지 않은 사람이 나쁠까, 경매를 통해 채권을 회수하도록 돕는 경매인이 나쁠까. 경매를 하는 사람들은 최대한 감정이 머리를 지배하지 않도록 경계하는 습관이 필요하다. 경매는 좋다 나쁘다의 잣대를 들이대서는 안 된다. 그저 경매에 참여하여 회수되지 못한 채권들이 제자리에 돌아가게 하고 부동산이 새 주인을 찾도록 돕는 자본주의 제도의 예리한 결실이라고 생각하면 된다.

즉, 경락잔금대출은 악성 채권을 회수하기 위해 새롭게 발행

되는 양성 채권인 것이다. 그렇기에 부동산 경매로 낙찰을 받으면 일반 대출과 달리 심사도 덜 까다롭고, 싸게만 낙찰받는다면 대출 한도도 높아서 나오게 된다. 그래서 부동산 경매는 소액을 가진 사람도 충분히 도전할 수 있고 대출이라는 레버리지를 통해 부를 창출할 수 있는 것이다. 우리는 이 무기를 적정 범위 안에서 잘 사용하기만 하면 된다.

2. 자격도 나이도 묻지 않는다

경매를 하기 위해 자격이 필요할까? 그렇지 않다. 대한민국의 성인이라면 누구라도 참여가 가능하며, 미성년자라도 법정대리인의 확인만 받으면 입찰도 가능하다. 가끔 경매 학원에서 발급하는 부동산 경매 자격증 등을 발견할 수 있는데 이는 단순히 학원이 만들어낸 홍보용 자격증에 불과할 뿐 아무런 법적 영향력이 없다. (간혹 내가 자격증을 만들어주는지 여쭤보시기도 하는데, 자격증은 상술에 불과하니 속지 마시라.)

나이 제한이 있을까? 그렇지 않다. 도전할 의사만 있다면 누구든 도전할 수 있다. 우리 학원에는 80대를 앞둔 분들도 수업을 듣고 입찰에 도전하고 낙찰도 받고 있다. 오히려 경매 투자를 하나의 새로운 업을 삼아 삶의 활력을 얻고 계신다. 요새는

20대들에게 경매 투자 붐이 일기도 한다. 유튜브를 통해 다양한 정보가 빠른 속도로 퍼지기에 소액으로 돈을 벌 수 있는 경매 시장에 젊은 사람들도 뛰어들고 있는 것이다.

대한민국의 국민이라면 누구든 참여할 수 있으며 법적 제약도 없이 공평하게 경쟁이 가능한 점이 부동산 경매의 장점이라고 할 수 있다.

3. 부동산 경매는 안전하다

부동산 경매의 시행 주체는 대한민국 법원이다. 법치국가인 대한민국에서 진행되는 부동산 경매는 기본적인 권리관계만 알면 도전할 수 있는 안전한 매매 수단이다. 낙찰을 받은 후에 물건에 하자가 있는 것을 발견한다면 보증금을 환불해주기도 한다.

특히 많은 사람들이 두려워하는 명도 역시 법이 보장해준다. 낙찰을 받아 주인이 바뀌게 되면 기존에 점유하고 있는 전 소유주나 임차인이 나가야만 한다. 그러나 간혹 여러 가지 이유로 해당 부동산을 불법 점유하고 인도를 거부하는 경우가 생긴다. 만약 이를 법으로 보장해주지 않는다면 부동산 경매에 참여하려는 사람은 현저히 줄어들 것이다. 따라서 대한민국 법원은 인도명령제도라는 강력한 법을 통해 낙찰자의 편에서 명도

집행을 진행해준다.

또한 부동산의 모든 권리와 역사가 담긴 등기부등본 역시 법원이 말끔하게 처리해준다. 경매로 넘어간 부동산에는 근저당, 압류, 가압류 등 수많은 채권들이 기록되어 있다. 이런 물건은 일반매매에서 거의 거래가 될 수 없다. 다행히 대한민국 법원에서는 낙찰된 부동산의 모든 채권과 복잡한 권리들을 소멸시켜준다.

이렇게 경매로 나온 부동산은 대한민국 법원의 든든한 보호 아래 낙찰자라는 새로운 주인에게 돌아가 황금알을 낳아주는 물건으로 변신하게 된다. 그러니 부동산 경매는 아주 안전한 부동산 투자처라고 볼 수 있다.

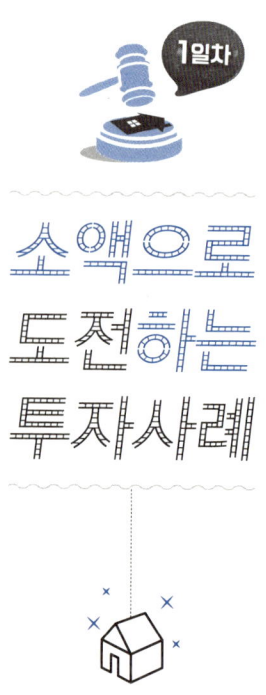

소액으로 도전하는 투자사례

 부동산 경매는 소액으로 도전할 수 있다. 경매를 도전하는 사람들의 80%는 소액이다. 소액이라 함은 얼마를 이야기할까? 나는 3000만 원 정도로 본다. 물론 500만 원, 1000만 원으로 도전할 수 있는 게 경매이지만, 3000만 원 구간까지는 근로소득을 통해 모으는 속도와 경매로 불리는 속도가 크게 차이나지 않기 때문이다. 그러나 3000만 원이 마련된다면 어떻게 될까? 지금부터 우리 학원의 교육생 낙찰 사례를 통해 어떻게 수익을 만들어내는지 확인해보고자 한다.

1) 인천 미추홀구 아파트

2023년 인천의 미추홀구는 전세사기 뉴스가 터져 많은 사람들이 불안에 떨었던 곳이다. 그러나 위기가 있는 곳에 기회가 있기 마련이니, 이 당시 미추홀구에 나오는 경매 물건들은 경쟁률이 높지가 않았다. 그런 틈새를 파고들어 우리 회원 A씨는 당당히 낙찰을 받아냈다. 인천 미추홀구는 원래 많은 사람들이 주거지로 뽑는 곳으로 시기적인 뉴스로 인해 잠시 눌린 투자 수요의 빈틈을 노린 것이다.

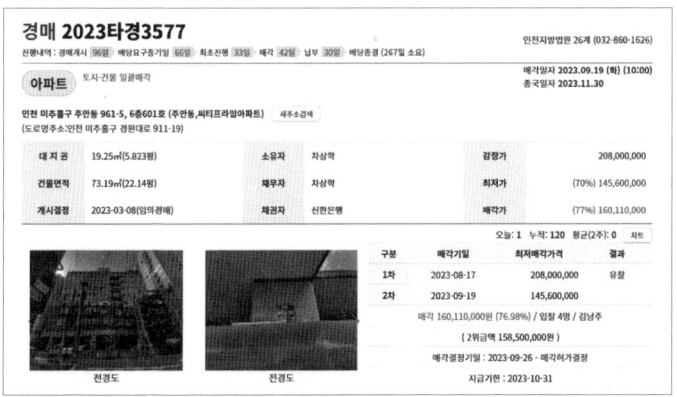

보통 위와 같은 물건은 입찰 경쟁이 10명 정도가 평균인데 4명밖에 들어오지 않았다. 그러다 보니 낙찰가도 낮아지고 수익도 극대화되었다. 과연 이 물건을 취득하는 데 필요한 자기자본금액은 어느 정도일까? 1억 6000만 원에 받은 이 물건에 들어간 비용을 정리하면 다음과 같다.

낙찰가	1억 6000만 원
대출(80%)	-1억 2800만 원
이전비용	+50만 원
취등록세	+176만 원
순투자금	3426만 원

낙찰가의 80%의 대출금액을 제외하고 이전비용, 취등록세를 더한 총 투자금은 3426만 원이다. 즉, 3500만 원의 자본금만 있으면 1억 6000만 원짜리 아파트를 취득할 수 있는 것이다. 이 교육생 A씨는 명도과정까지 순탄하게 마친 뒤, 6주 만에 이 아파트를 단기 매도하였다. 매도가는 1억 8700만 원으로 6주 만에 시세차익이 무려 2700만 원이나 되는 높은 수익을 거두게 되었다. 기타 세금 등을 제외하더라도 2000만 원이 넘는 순수익을 거둔 셈이니 수익률로 치면 58%나 되는 것이다. 이제 교육생 A씨의 통장에는 3500만 원이 아닌 5500만 원의 숫자가

찍히게 됐다. 6주 만에 직장인 연봉 정도의 수익을 만들어 낸 것이다. 경매의 마법은 이렇게 이루어진다.

2) 경기도 양주 빌라

경기도 양주는 그동안 수도권 외곽의 별 볼일 없는 동네였다. 그러나 GTX-C 노선의 양주 덕정역이 발표되어 그 일대가 획기적으로 변화를 시작할 동네가 되었다. 모두가 양주의 빌라는 거래가 되지 않을 것이라는 선입견으로 도전을 주저하고 있었다. 그때 우리 교육생 B씨는 남들과 다른 길을 걸었다. B씨 역시 처음엔 남들이 모두 도전하는 아파트에 입찰을 시도했다. 그러나 들어가는 물건마다 경쟁자는 30~40명에 이르고, 낙찰가 역시 급매 수준에서 받아가는 걸 보고 다른 마음가짐을 가지게 되었다.

'어떻게 하면 남들과의 경쟁에서 벗어나고, 수익을 낼 수 있을까?'

B씨는 아직은 주목받지 못하는 동네지만 향후 가치가 올라갈 동네를 물색하던 중, 경기도 양주시의 빌라 경매에 도전했다. B의 낙찰과정에는 놀라운 행운이 따르기도 했다. 입찰자 발표가 시작됐을 때, B씨는 13만 원 차이로 2등을 하게 된 것이

다. 아쉬운 마음을 뒤로 하고 발길을 돌리려는 그때, 집행관이 소리쳤다. "B씨 앞으로 나오세요!" 알고 보니 1등을 한 법인이 서류를 잘못 제출하는 바람에 무효처리가 된 것이다. 낙찰자는 차순위인 B씨가 되었고, 현재는 이 빌라를 단 2개월 만에 매도하여 다음 투자처를 물색 중이다.

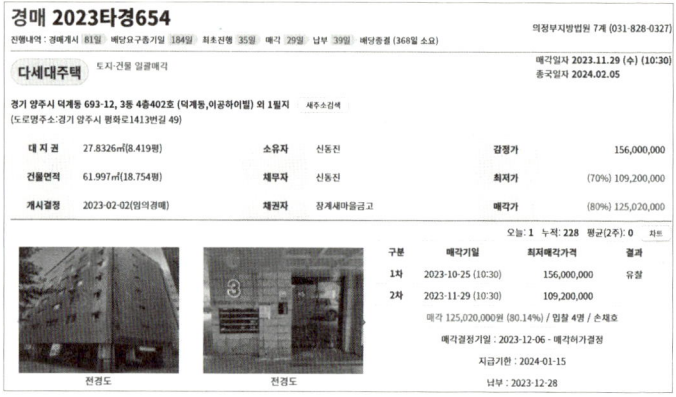

여기에 들어간 비용을 계산해보면 다음과 같다.

낙찰가	1억 2500만 원
대출(70%)	−9300만 원
이전비용	+50만 원
취등록세	+137만 원
순투자금	3013만 원

이 역시 3000만 원의 소액으로 10년도 안 된 신축 빌라를 취득하게 된 케이스다. 이 빌라는 1억 4300만 원에 2개월 만에 매도가 완료되었는데, 시세차익만 1800만 원이며 세금을 모두 공제하더라도 1500만 원의 순수익이 남게 되었다. 단 3000만 원을 투자하여 50%의 수익률을 내는 것은 바로 경매시장이기에 가능하다. 이렇게 재미있는 놀이터가 있는데 도전을 하지 않을 이유가 있을까?

이제부터 여러분들이 할 일은 딱 3000만 원만 만드는 일이다. 일을 해서 모으든 빌려서든 딱 3000만 원만 만들자. 그때부터는 여러분들의 자본소득이 불어나기 시작하여 더 이상 일을 하지 않아도 돈이 들어오는 불로소득의 지름길이 보이기 시작할 것이다.

3) 인천 계양구 아파트

인천 계양구는 대표적인 인천의 구도심이다. 그런 만큼 신축 아파트는 찾아보기 어렵고 대부분 5~6층의 낮은 구축 아파트가 주를 이루고 있다. 그렇다보니 많은 사람이 잘 팔리지 않을 것이라는 선입견을 가지게 된다. 이런 심리를 역으로 이용해 우리 회원 C는 당당히 낙찰을 받아내셨다. 실제로 거래가 활발히 이루어지지 않기도 했기에 더욱 철저하게 시세조사를 했고 자신 있는 입찰가를 적어낼 수 있었다.

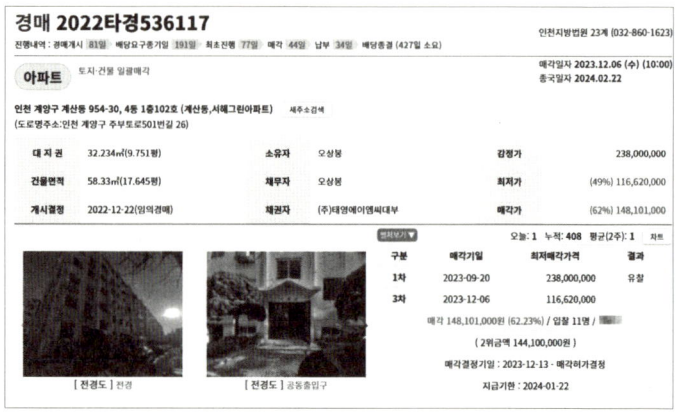

이 물건은 1억 4800만 원에 낙찰 받았고, 내부 상태를 전혀 수리하지 않은 그대로 1억 6600만 원에 매도를 완료하였다. 시세차익만 1800만 원인 것이다. 기타 비용을 계산해보면 다음과 같다.

낙찰가	1억 4800만 원
대출(80%)	-1억 1840만 원
이전비용	+58만 원
취등록세	+162만 원
순투자금	3180만 원

특히 이 물건은 대출을 80%까지 받아서 생각보다 투자금이 덜 들어간 케이스로, 이는 매매사업자라는 사업자 대출을 활용한 것이다. (심지어 교육생 C는 직장, 소득도 전혀 없는 상태이다.) 사업자 대출을 활용하면 일반 근저당 대출보다 조금 더 많이 나올 수 있으니 이 점을 팁으로 전달드린다. 결국 이 교육생 C 역시 3000만 원가량 투자하여 기타 부대비용과 세금을 모두 **빼**더라도 1000만 원 이상의 순수익을 남기게 되었다. 특히 이 물건을 더 잘 매도하기 위해 여러 가지 전략을 활용했는데, 이 팁은 책의 후반부에서 설명하도록 하겠다.

어떤가? 정말 경매는 소액으로도 얼마든지 수익을 만들어내는 것이 실현 가능하다. 내가 나이가 많아서, 시드머니가 적어서, 직장이 없어서, 소득이 없어서 등의 모든 이유들은 결국 핑계에 불과한 것이다.

사람은 생각하는 대로 삶을 그려 나갈 수 있다. 우리가 발 딛고 있는 이 세상의 모든 것들이 우리 사람의 상상에서 빚어져 나온 것들이다. 나도 할 수 있다는 자신감을 가지길 바란다.

한 번에 보는 경매 절차
말소기준만 찾으면 끝
대항력, 권리분석의 모든 것
낙찰금은 어디로? 배당의 순서
소액임차인 최우선 변제제도란?
임차권 등기의 함정
부동산 품질 보증서, 매각물건명세서

2일차

경매의 꽃, 권리분석

이제부터는 여러분들이 실전 경매를 접하며 적용할 수 있는 내용과 '딱쉬운경매'만의 노하우들을 펼칠 예정이다. 이 책의 내용과 순서에 따라 연습만 한다면 여러분들도 경매의 실전 기술에 한 발짝 한 발짝 다가서는 자신의 모습을 보게 될 것이다.

다시 말하지만, 경매는 훈련의 영역이다. 누구든 처음할 때는 길을 모르고 헤맬 수 있다. 경매란 어떤 식으로 흘러가는지, 어떻게 훈련을 해야 하는지, 물건은 어떤 포인트로 봐야 하는지 등을 최대한 쉽고 간단하게 설명했다. 그럼 지금부터 실전 경매에 한번 눈을 떠보자.

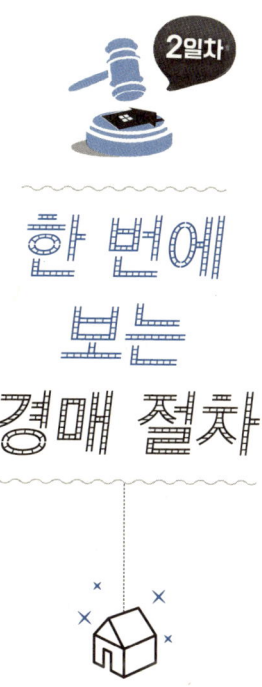

한 번에 보는 경매 절차

경매 절차를 아는 것은 내가 나갈 전쟁터의 지형을 익히는 것과 같다. 경매의 절차를 미리 숙지한 사람은 앞으로 일어날 일련의 상황들을 어느 정도 예측할 수 있고, 능동적으로 대처할 확률이 높아진다. 경매 절차는 어떻게 진행되는 것일까?

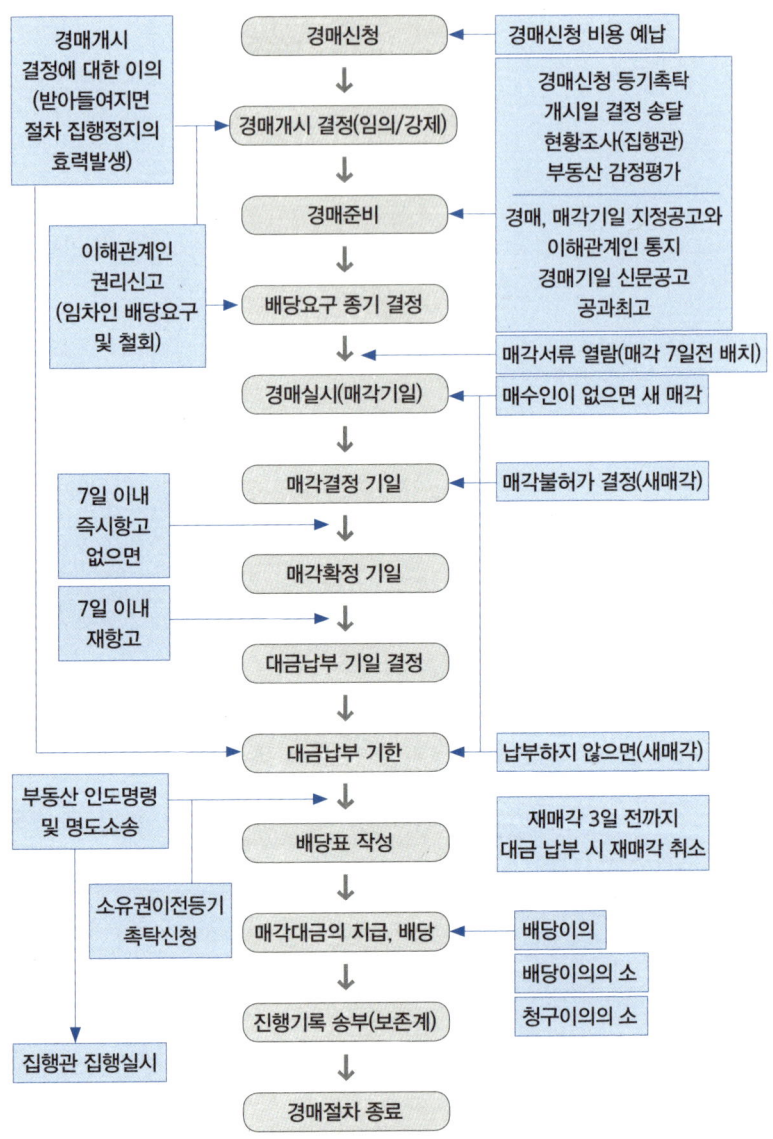

위의 절차만 보면 용어도 어렵고, 순서도 복잡하다. 그러나 절대 이 절차를 외울 필요는 없다. 그저 이런 순서로 경매가 진행된다는 것을 알기만 해도 충분하다. 우리는 경매로 돈을 버는 것이 목적이지 공부가 목적이 아니다. 경매로 돈을 벌기 위해 기본적으로 알아야 할 몇 가지 절차만 안내하겠다.

〈경매 실시(매각기일)〉

말 그대로 경매에 입찰하기 위해 법정에 가야 하는 날이다. 경매 매각 기일은 각 지역의 법원에서 지정하며 매일 진행하지 않는다. 법원의 스케줄에 맞춰 진행되기 때문에 매각기일을 정확하게 파악하는 것이 중요하다.

여기서 많이 실수하는 것 중 하나가 날짜보다도 위치다. 많은 초보 경매인은 입찰하고자 하는 물건의 담당 법원을 제대로 확인하지 않는다.

예를 들어, 인천에 있는 아파트라 하더라도 인천지방법원에서 진행하는지, 인천지방법원 부천지원에서 진행하는지를 체크하지 않는다. 우리 학원의 교육생들도 간혹 이런 실수를 하여 입찰을 하지 못하는 일이 생겼다. 경매에 입찰하고자 한다면, 전날 미리 해당 물건을 담당하는 법원이 어느 법원에서 진행하는지 체크하고 늦지 않도록 주의하시길 바란다.

〈매각결정기일, 매각확정기일〉

경매 초보자들이 헷갈리는 부분 중에 한 절차다. 매각기일, 즉 낙찰받은 당일 낙찰자는 그날부터 부동산의 주인이 되는 것으로 착각한다. 그러나 대한민국 법원은 아주 철저하다.

매각결정기일은 매각에 대한 이해관계인의 진술을 듣고 문제가 없는지 조사한 후, 특별한 이의가 없고 매각불허가 사유에 해당되지 않으면 낙찰일로부터 7일 뒤, 최고가매수인에게 매각을 허가하는 날이다. 이때 낙찰자의 일이 굉장히 중요하다. 낙찰받은 부동산에 중요한 하자가 없는지 부동산 방문을 통해 꼼꼼히 확인하고, 문제가 발견된다면 매각허가취소 신청을 할 수 있는 기간이기 때문이다. 이 기간이 지나면 문제가 발생되더라도 매각허가취소 신청을 하기가 아주 어렵다.

매각확정기일은 매각결정기일로부터 7일 이후 매각에 대해 최종 확정을 하는 것인데, 판사는 경매 진행의 모든 절차에 흠이 없는지를 판단하고 확정을 내린다. 정리하면 낙찰일로부터 2주가 지나야만 이 물건의 대금을 납부할 수 있는 자격이 주어진다. 이 기간은 낙찰자의 자격이지 절대 소유자가 아니라는 사실을 알고 있어야 한다.

〈대금납부기한〉

매각확정기일이 지나면 법원에서 통지서가 날아온다. 보통 한 달 이내로 잔금납부기한이 잡히게 되는데 한 달 이내에 해당 법원에 잔금을 납부하게 되면 소유권 이전이 완료된다. 잔금 납부의 경우, 대출을 일으킨 은행의 법무사가 대행에서 납부하는 경우가 많다. 이때 많은 경매 초보인이 법무사의 통장에 돈을 보내는 일을 꺼리곤 하는데 법무사는 법적으로 대행을 할 수 있는 사람이기 때문에 안심하고 보내도 된다. 그래도 불안하다면 잔금납부 당일, 법무사와 함께 동행하여 잔금을 납부하면 된다. 잔금 납부와 동시에 인도명령신청을 해두는 것도 잊지 말자.

수많은 경매절차 중 우리가 알아두면 좋은 절차는 위 내용 정도이다. 나머지는 우리가 알고 있다 하더라도 법원이 진행하기 때문에 컨트롤 할 수 없으며, 돈을 벌기 위해서 굳이 필요한 내용은 아니니 외우려고 하지 않아도 된다.

중요한 것은 부동산의 가치를 파악하는 것이다. 가치를 파악하기 전, 부동산 경매를 할 때는 반드시 알아야 할 권리분석에 대해 알아보도록 하자.

이제부터 권리분석에 대해 알아보도록 하자. 부동산 경매는 대한민국 법원에서 진행한다. 따라서 여러 가지 채권이 얽혀있는 부동산에서 낙찰자가 책임을 져야 할 내용이 있는지 없는지 판단을 해야 하는데 이를 권리분석이라고 부른다. 사실 법적인 내용과 용어가 나오기 때문에 처음 볼 때는 당황스럽고 어렵게 느껴질 수 있다. 지금부터는 권리분석을 하기 위해 알아야 할 내용, 순서들을 차례대로 안내할 테니 여러 번 읽어보길 바란다.

우선 경매인이라면 반드시 알아야 할 **말소기준권리**. 용어도 참 불친절하다. 도대체 무슨 말일까? 이에 대해 알아보자. 말소기준권리를 이해하기 위해서는 **인수와 소멸**이라는 단어를 알아야만 한다.

인수란 부동산에 걸려있는 특정한 권리에 대한 책임이 낙찰자에게 있다는 것이다. 예를 들면, 아파트 투자를 할 때 전세가 들어있는 집을 매수할 경우가 있다. 이때, 매수자는 전세로 들어와 있는 임차인의 모든 계약 조건을 그대로 승계받게 된다. 부동산의 주인이 권리와 조건을 그대로 승계받고 책임을 지는 것을 우리는 **인수**라고 부른다. 즉, 경매로 소유주가 바뀌어도 인수할 사항이 있다면 낙찰자에게 그 책임이 전가되는 것이다. 경매에서 인수할 내용이 있으면 특히나 주의해서 봐야 한다.

소멸이란 반대로 모든 권리를 낙찰자가 책임지지 않아도 되는 것을 의미한다. 등기부등본에는 부동산에 걸려있는 여러 가지 채무 관계와 권리들이 표기되어 있다. 이 권리들은 등기부등본에 기록된 날짜가 적혀있는데 각 내용들을 날짜순으로 배열하면 권리를 주장할 수 있는 순서를 알 수 있다.

A아파트에 H은행에서 1억을 빌려줬고, 다음 날 K은행에서 1억을 추가로 빌려줬다고 가정해보자. 그렇다면 A아파트에 걸려있는 채권은 총 2개인 것을 알 수 있다. 그런데 어느 날, 이

아파트가 경매에 넘어가 1억에 낙찰이 되었다고 해보자. 이때 H은행은 빌려준 1억을 모두 돌려받을 수 있지만 K은행은 1억을 돌려받지 못하게 된다(편의상 경매에 들어가는 여러 가지 비용은 산정에서 제외했다). K은행은 돌려받지 못한 1억에 대한 권리를 새로운 낙찰자에게 주장할 수도 있다.

그렇지만 대한민국 법원은 경매로 낙찰된 부동산의 나머지 모든 권리를 깨끗하게 만들어준다. 그렇지 않으면 K은행의 1억 빚을 떠안고 매수하려는 입찰자가 없을 것이기 때문이다. 즉, K은행의 1억 채권은 소멸이 되고 낙찰자는 그 권리를 책임지지 않아도 된다.

이렇게 한 부동산에 여러 가지 권리들이 있을 때, 자신을 포함한 후순위로 적혀있는 모든 권리를 말소시키는 첫 번째 순서의 권리를 우리는 말소의 기준이 되는 권리, **말소기준권리**라고 부른다. 말소기준권리가 될 수 있는 권리로 인정받는 권리는 7개로 정해져 있다.

저당, 근저당, 담보가등기, 압류, 가압류, 경매개시결정등기, 전세권(**최선순위, 배당신고한 경우**)이다. 이 중 가장 선순위로 기록된 권리를 포함한 나머지 권리들은 모두 자동 소멸이다.

을(1)	2017-03-09	근저당권설정	창원시축협 (합포지점)	176,400,000	말소기준등기	소멸
갑(5)	2020-07-24	가압류	경남신용보증재단 (마산지점)	7,904,000	2020카단498 (인용 📄)	소멸
갑(6)	2020-09-25	압류	국민건강보험공단 (창원마산지사)			소멸
갑(7)	2020-11-03	가압류	근로복지공단	6,230,760	2020카단17646 (인용 📄)	소멸
갑(8)	2023-02-13	임의경매	창원시축협	청구금액 152,356,271	2023타경541	소멸
갑(9)	2023-02-16	압류	마산세무서장			소멸
갑(10)	2023-02-24	압류	창원시			소멸
갑(11)	2023-03-17	가압류	(주)현빛자산관리대부	13,638,953	2023카단20327 (인용 📄)	소멸
갑(12)	2023-03-30	가압류	롯데캐피탈(주)	27,334,954	2023카단808489 (인용 📄)	소멸
갑(13)	2023-04-10	가압류	(주)베리타스자산대부	7,933,812	2023카단810086 (인용 📄)	소멸

실제 예시를 통해 연습해보자. 위 등기부등본에서 가장 빠른 날짜의 말소기준권리를 찾아보면 **창원시축협이 2017년 3월 9일**에 설정한 근저당권이다. 이 말소기준을 포함해 후순위로 기록된 모든 권리들은 모두 소멸이 된다. 경매로 낙찰 시, 나머지 모든 권리는 낙찰자의 책임이 아니라는 것이다. 이렇게 경매 권리분석의 첫 번째는 **말소기준권리**를 찾는 것이다.

2일차

대항력, 권리분석의 모든 것

　권리분석을 할 때, 다음 할 일은 바로 **대항력 유무**를 판단하는 것이다. 우선 대항력에 대해 알아보자. 부동산 경매에서 대항력은 낙찰자에게 대항한다는 의미로 해석된다. 구체적으로 대항력은 임차한 주택이 경매로 인해 소유자가 변경되더라도 계약한 임대차 기간 동안 계속 거주할 수 있고, 그 기간이 종료되면 임차보증금을 모두 돌려받을 수 있는 임차인의 권리를 말한다. **쉽게 말해 대항력이 있으면 낙찰자에게 기존의 계약기간과**

돈을 모두 보장받을 수 있는 것이다.

우리는 통상 임차계약을 맺을 때 계약기간과 계약금액을 적시한다. 2024년 3월 1일부터 만 2년간, 전세 보증금액은 2억처럼 말이다. 보통 아무 일도 일어나지 않을 때는 계약이 만료되는 2026년 3월 1일 집주인은 전세 보증금 2억을 임차인에게 돌려주고, 임차인은 집을 비워줘야만 한다. 그런데 이 집이 경매로 넘어갔을 때, 문제가 발생하기 시작한다.

위 사례의 임차인을 A라고 가정하자. A는 2024년 3월 1일 전세계약을 하고 들어갈 당시, 해당 집에 근저당이나 압류와 같은 권리가 없는 것을 확인하고 들어갔는데 이 집을 담보로 집주인 B가 대출을 받은 후, 갚지 못해 경매를 당한 경우를 생각해보자. 이때 A는 대항력이 있느냐 없느냐에 따라 전세보증금 2억을 모두 돌려받을 수도 있고 받지 못할 수도 있다. 이 대항력의 발생 유무는 바로 A의 **전입신고 날짜**에 달려있다. 전입신고의 날짜가 말소기준권리보다 빠르게 기록되었다면 대항력이 존재하고, 말소기준권리보다 늦다면 대항력이 없는 것이다. 이를 표로 정리하면 아래와 같다.

	전입신고 날짜	말소기준권리	대항력 유무
1	2024. 03. 01	2024. 03. 05	대항력 O
2	2024. 03. 07	2024. 03. 05	대항력 X
3	2024. 03. 05	2024. 03. 05	대항력 X

① 전입신고 날짜가 3월 1일이고 말소기준권리는 3월 5일이다. 전입신고 날짜가 말소기준권리 날짜보다 빠르기 때문에 대항력이 발생한다. 이때 A는 경매 진행 시 두 가지에 대해 대항할 수 있는 힘이 발생한다. 바로 전세보증금을 모두 돌려받을 수 있는 권리와 계약기간을 보장받는다. 따라서 경매 입찰을 하려는 입찰자는 임차인의 보증금을 모두 인수할 가능성을 생각하고 입찰에 응해야만 한다.

② 전입신고 날짜가 3월 7일이고 말소기준권리는 3월 5일이다. 전입신고 날짜가 말소기준권리 날짜보다 느리기 때문에 대항력은 사라지게 된다. 즉 A는 전세보증금 전액과 계약기간을 보장받을 권리를 주장할 수 없게 된다. 이때 입찰자는 세입자가 대항력이 없는 임차인이기 때문에, 보증금을 인수하지 않고 입찰에 응해도 괜찮다.

③ 가장 특이한 경우다. 전입신고 날짜와 말소기준권리 날짜가 같을 때는 어떤 것이 우선할까? 정답은 말소기준권리이다. 전입신고의 효력은 신고한 날의 다음 날 0시부터 발생하기 때문이다. 따라서 전입신고와 말소기준권리 날짜가 같을 때는 임차인 A의 권리가 뒤로 밀리며 대항력을 얻지 못하게 된다.

④ 소유주가 경매 부동산에 직접 점유할 때는 따로 권리분석 할 필요는 없다.

이로써 기본적인 권리분석에 대한 내용은 끝났다고 보면 된다. 간단하지 않은가? 정리를 해보자. 경매 권리분석을 할 때 가장 먼저 할 일은 **말소기준권리**를 찾는 것이다. 여러 가지 저당, 근저당, 압류 등의 권리 중 가장 **빠른 설정등기**를 찾는다. 그리고 임차인이 있을 때, 임차인의 전입신고 날짜를 확인하고 말소기준권리보다 빠른지 느린지만 확인하면 기본적인 권리분석은 끝난 것이다. 어떤가? 말로만 듣던 권리분석을 한 마디로 정리하면 **대항력의 유무만 판단하면 되는 것이다.**
  이를 제외한 법정지상권, 유치권, 선순위 가처분 등의 특수물건은 경매를 처음 시작하는 사람에게는 고난이도이기 때문에 접근을 추천하지 않는다. 여러분이 경매로 쳐다보게 될 부동산의 90%는 간단한 권리분석만으로도 충분히 접근할 수 있다. 천천히 여러분의 시야를 넓혀가며 하나하나 도전해 나가길 바란다.

★ 권리 분석 순서 정리

① 말소기준권리 찾기

② 임차인이 점유하는지, 소유주가 점유하는지 체크하기

③ 임차인이 점유한다면 전입신고 날짜 찾기

④ 전입신고 날짜와 말소기준권리 날짜 비교하기

⑤ 대항력 유무 판단

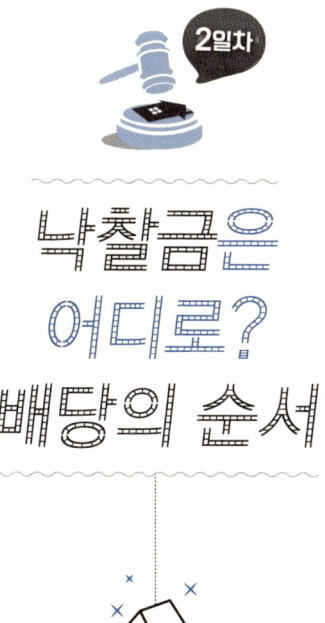

낙찰금은 어디로? 배당의 순서

경매를 통해 낙찰가가 정해지면 낙찰자는 정해진 기한 안에 낙찰가 전액을 법원에 납부해야 한다. 이 낙찰금은 채권의 회수를 기다리는 여러 업체와 사람들에게 적절한 순서에 따라 나누어주는데 이를 배당이라고 한다. 채권에 따라 우선배당, 안분배당, 흡수배당과 같은 여러 부류로 나뉘지만 낙찰자 입장에서는 거의 대부분 우선배당으로 진행되기에 크게 신경쓰지 않아도 된다.

우선배당이란 채권의 순서에 따라 전액을 순서대로 배당하는 것을 의미한다.

순서	접수일	권리종류	권리자	채권금액	비고	소멸
갑(2)	2005-03-09	소유권이전	김분순		매매	
을(6)	2011-12-02	근저당권설정	남인천농협 (동춘지점)	178,800,000	말소기준등기	소멸
을(8)	2014-03-10	근저당권설정	김순임	20,000,000		소멸
을(9)	2020-07-24	근저당권설정	임민숙	50,000,000		소멸
갑(7)	2022-11-14	임의경매	김순임	청구금액 20,000,000	2022타경5457	소멸

위 건물등기부 등본에 따르면 총 3개의 근저당권이 설정된 것을 확인할 수 있고, 채권의 순서에 따른 날짜도 기재되어있다. 이 물건이 2억에 낙찰이 됐다는 가정하에 배당의 순서를 따져보면 남인천농협이 1억 7800만 원을 먼저 전액 배당받는다. 남은 금액 2200만 원 중 김순임에게 2000만 원이 전액 배당된다. 남은 200만 원은 임민숙에게 배당이 되고 모든 배당 절차는 종결된다. 이게 바로 우선 배당의 개념이다.

	배당의 순서	배당액
낙찰가 2억	남인천농협	1억 7800만 원
	임차인	2000만 원
	김순임	200만 원
	임민숙	배당 없음

그런데 경매인으로서 추가로 신경 써야 하는 부분은 임차인의 배당이다. 위 물건에 임차인이 있다고 했을 때, 임차인도 배당에 참여가 가능한데 임차인도 배당을 마음대로 받는 것이 아니다. 자신의 순서에 따라 우선 배당을 받게 되는데 임차인의 배당 순서와 관련 있는 것은 바로 **확정일자**다. 많은 경매초보가 착각하는 것이 전입신고와 확정일자의 역할이다. 전입신고는 대항력 유무, 확정일자는 배당의 순서와 연관되어 있다는 점을 다시 한번 꼭 기억해두길 바란다.

위의 사례에서 임차인의 확정일자 날짜까지 연결하면 배당이 어떻게 바뀌는지 알아보자. 위의 건물에 임차인 A가 보증금 2000만 원에 월세계약을 하고 확정일자를 2012년 11월 30일에 받았다고 가정해보자. 그렇게 되면 배당의 순서가 바뀌게 된다.

1순위는 가장 빠른 날짜인 남인천농협이 1억 7800만 원을 전액 배당받는다. 임차인 A의 확정일자에 따라 2순위로 보증금 2000만 원이 전액 배당된다. 3순위로 김순임이 200만 원을 배당받고 모든 배당절차는 종결된다.

우리 경매인은 결국 임차인이 전액 배당인지 일부 배당인지 아니면 아예 배당을 받지 못하는지 체크하는 것이 중요하다.

이 결과에 따라 명도 전략이 달라지고 입찰 여부가 달라지기 때문이다.

딱쉬운 질문

Q. 대항력이 없으면 배당을 받지 못하나요?
A. 아닙니다. 대항력이 없어도 확정일자에 따라 배당을 받을 수도 있고 못 받을 수도 있습니다.

Q. 확정일자가 전입신고보다 빠른 경우도 있나요?
A. 네, 그렇습니다. 여러 가지 이유로 전입신고를 잠시 삭제했다가 다시 신고하는 경우도 있기 때문에 흔합니다.

Q. 배당이 다 되고도 돈이 남는다면 어떻게 되나요?
A. 배당 후 잔액은 전 소유주에게 배당이 됩니다.

소액임차인 최우선 변제제도란?

　대한민국은 복지국가다. 생계가 어려운 사람들에게는 여러 가지 복지 혜택을 나누어주고 최소한의 생활이 가능하도록 돕는다. 경매라고 예외는 아니다. 세상에는 정말 돈이 없어 거리에 나앉게 되면 생활이 안 되는 사람들이 있다. 아무리 법적인 절차로 집행되는 부동산 경매라고 해도 사람의 기본권보다 우선하지는 않는다. 이로 인해 생겨난 제도가 바로 소액임차인 최우선변제제도다. 말이 길고 어렵다.

먼저 소액임차인의 개념을 알아보자. 법원 경매에서는 법의 테두리 안에서 집행이 되지만, 법의 보호를 받는 사람들도 존재한다. 바로 소액임차인인데, 말 그대로 소액의 보증금으로 계약을 하고 들어온 임차인을 일컫는 말이다. 우리나라는 이 소액임차인의 경우, 경매를 통해 불이익을 당하게 되면 기본권이 침해되기에 보호를 해준다. 예를 들면 소액임차인일 때는 대항력을 갖추지 못했다고 하더라도 일부 보증금을 변제해준다. 그래야만 다른 집을 구해서 생활을 이어나갈 수 있기 때문이다.

그런데 이 소액의 범위라는 것이 참 애매하다. 얼마까지를 소액으로 인정해줄 것인가? 이는 주택임대차보호법에 의해 지역과 시기에 따라 그 기준이 달라진다. 서울을 예로 들면 다음과 같다.

서울지역 주택임대차보호법			
기준시점	지역	임차인 보증금 범위	보증금 중 일정액의 범위
1990. 2. 19.~	서울특별시	2,000만원 이하	700만원
1995. 10. 19.~	서울특별시	3,000만원 이하	1,200만원
2001. 9. 15.~	서울특별시	4,000만원 이하	1,600만원
2008. 8. 21.~	서울특별시	6,000만원 이하	2,000만원
2010. 7. 26.~	서울특별시	7,500만원 이하	2,500만원
2014. 1. 1.~	서울특별시	9,500만원 이하	3,200만원
2016. 3. 31.~	서울특별시	1억원 이하	3,400만원
2018. 9. 18.~	서울특별시	1억 1천만원 이하	3,700만원
2021. 5. 11.~	서울특별시	1억 5천만원 이하	5,000만원
2023. 2. 21.~	서울특별시	1억 6천500만원 이하	5,500만원

위 표의 기준시점과 임차인 보증금 범위, 보증금 중 일정액

의 범위의 내용을 보자. 기준시점마다 임차인의 보증금과 일정액의 범위가 각각 다르다. 시간이 과거에서 현재로 올수록 그 범위가 확대되는 것을 알 수 있다. 여기서 기준시점은 해당 부동산의 말소기준등기가 설정된 날을 의미한다. 많은 사람이 기준시점을 임차인의 전입신고 날로 잡는데 이는 잘못된 것이니 주의해야 한다.

이제 위 표를 해석해보자. 2023년 2월 21일 이후 근저당이 설정된 부동산에 A가 임차인으로 1억 보증금의 전세 계약을 마쳤다. 이때 A는 표에 의해 1억 6500만 원 이하의 금액으로 계약을 했기 때문에 소액임차인의 범위에 들어간다. 이 상황에서 해당 부동산이 경매로 진행되어 낙찰될 경우, A는 대항력 유무와 관계없이 최우선으로 최대 5500만 원을 먼저 배당받는다. A가 받아야 할 나머지 4500만 원은 확정일자와 다른 채권날짜와의 순서를 비교하여 배당되게 된다. 이렇게 소액임차인 최우선변제제도를 잘 이해하고 있으면, 경매로 들어갈 집의 임차인 명도 전략을 더 자세히 세울 수 있으니 꼭 알아두길 바란다.

단, 임차인이 소액임차인으로서 최우선변제제도의 보호를 받기 위해서는 반드시 해야할 일들이 있다.

첫째, 주택에 대한 경매신청등기 전까지 대항력의 요건을 갖춰

야 한다. 통상 주택이 경매로 진행될 경우, 해당 임차인에게도 미리 경매 진행 상황이 통보된다. 경매개시결정이 떨어지면 해당 부동산 등기부등본에 경매개시결정 등기가 기록되는데, 이 기간 전까지 반드시 전입신고와 점유가 함께 이뤄져야 한다. 또한 경매절차가 종결될 때까지 위 대항력의 요건을 갖추고 있어야 한다.

둘째, 배당요구 종기일 전까지 배당요구 신청을 해야만 한다. 배당요구 종기일이란, 부동산 경매를 통해 돈을 받아야 할 주체가 있다면 돈을 받고 싶다고 신청해야만 하는 날짜다. 만약 배당요구 종기일을 넘긴다면 추후 배당신청을 해도 돈을 받을 수 없다. 따라서 소액임차인이더라도 배당요구 종기일까지 배당신청을 반드시 해야만 법의 보호를 받을 수 있다. 또한 위 조건에 부합하더라도 소액임차인 최우선 변제제도의 보호를 받지 못하는 경우가 있다.

첫째, **임차권** 등기가 이루어진 주택에 전입 신고한 경우는 소액의 범위에 들어가도 보호를 받지 못한다.

둘째, 처음엔 소액임차인의 범위에 들어갔지만, 보증금을 증액하여 그 액수가 소액임차인 범위를 초과한 경우에는 최우선 변제제도의 혜택을 받을 수 없다.

위에서 나온 임차권은 뒤에서 자세하게 알아보자.

임차권
등기의 함정

　이제 여러분들은 권리분석을 충분히 할 수 있다. 말소기준권리를 찾고, 임차인이 있다면 전입신고 날짜와 말소기준권리와 비교해보자. 전입신고 날짜가 더 빠르다면 대항력이 있고, 전입신고 날짜가 더 느리다면 대항력이 없다. 대항력이 있다면 낙찰자가 임차인의 보증금과 계약기간을 모두 인정하고 받아줘야 한다. 이게 바로 권리분석의 처음부터 끝이다.

　여기에 더 나아가 경매물건에서 자주 살펴볼 수 있는 임차권에 대해 알아볼 필요가 있다. 무슨 말일까? 임차권등기명령제도는 임차인에게 대항력 및 우선변제권을 유지하게 하면서 임차주택에서 자유롭게 이사할 수 있게 하는 제도다. 예시를 들어보자.

우리는 여러 가지 이유로 다른 집으로 이사를 가야 하는 일들이 생긴다. 그런데 전입신고는 두 개의 주택에 동시에 할 수 없다. 그로 인해 문제가 발생하기 시작한다. A는 기존 주택에서 분명 대항력을 갖추고 살고 있었는데 집주인이 보증금을 돌려주지 않을 수 있다. 이때 A가 반드시 다른 집으로 이사를 가야 할 경우 새로운 주택의 계약에서도 대항력을 행사하기 위해서는 전입신고를 새로 해야만 한다. 이렇게 되면 아직 보증금을 돌려받지 않은 기존 주택의 전입신고가 삭제된다. 결국 기존 주택의 대항력을 상실하여 보증금을 보장받지 못하게 된다. 이런 사고에 대비하여 만든 것이 임차권 등기다.

임차권 등기를 하게 될 경우, A는 기존 주택에서 점유를 하지 않더라도 전입신고와 점유를 하고 있는 것으로 공식적으로 인정받는 것이다. 그렇게 되면 A는 다른 주택에서 안전하게 전입신고를 하고 보증금을 보장받을 수 있게 되는 것이다. 이 내용은 경매에서 중요하게 다뤄진다.

경매 물건을 검색하다보면 임차권 등기 명령이 된 집이 경매로 진행되는 경우를 찾을 수 있다. 이럴 경우, 해당 주택에는 임차인이 사는 것처럼 서류상으로만 존재할 뿐 실제 점유자는 없을 확률이 높다. 그렇기에 낙찰자는 명도가 쉽게 이루어진다는 장점이 존재한다.

그러나 실무에서는 법의 테두리 밖에서 행동하는 사람들이 있기에 주의할 필요가 있다. 실제 우리 교육생 A씨가 임차권 등기 명령이 된 주택을 낙찰받았다. 사람이 없을 것을 예상하고 기쁜 마음으로 해당 주택을 방문한 A는 당혹감을 감추지 못한 채 내게 연락이 왔다.

"선생님, 분명 임차권이 설정되어 있는데 온몸에 문신을 한 사람이 살고 있어요. 어떻게 하면 좋죠?"

"임장을 통해 미리 확인하지 않으셨어요?"

"네, 제대로 확인을 못했어요. 임차권이 있으니 사람이 안 살아야 하는 것 아닌가요?"

이렇게 간혹 나쁜 마음을 먹은 집주인이 임차권 등기를 하고 나간 사실을 알고, 해당 주택에 단기 임대나 보증금 없는 월세로 사람을 살게 하는 경우가 있다. 이럴 때는 오히려 명도 난이도가 올라가게 된다. 따라서 임차권 등기 명령이 된 경우라도 반드시 임장을 통해 해당 주택에 사람이 사는지 안 사는지를 꼭 확인해야만 한다. 확인 방법은 직접 벨을 눌러본다든가, 이웃 주민에게 탐문조사를 하거나, 저녁 시간대에 불이 켜져 있는지 확인하는 등의 방법이 있다.

다행히 교육생 A씨는 인도명령절차에 의해 법적인 명도 절차를 진행하는 와중에 명도 협상이 잘 이루어져 일을 끝마쳤다. 2023년에 들어 전세 사기 문제가 커지면서 임차권 등기를 하고 집을 나간 경매 물건들이 굉장히 많이 쏟아지고 있다. 사람이 안 살기 때문에 명도 난이도가 쉬울 것이라는 특징으로 경매인들의 집중 대상이 되었다. 그러나 위의 내용을 잘 살펴보지 않고 들어가게 되면 오히려 명도가 더 어려워질 수도 있다. 결국 임차권이란 법적 제도가 우리에게 도움이 되기도 독이 되기도 하니 입찰을 하는 사람은 임장을 필수로 해야만 한다.

부동산 품질 보증서, 매각물건명세서

　마트에서 물건을 사면 영수증을 발급해준다. 이 영수증이 없으면 교환이나 환불이 어렵다. 부동산 경매에도 영수증 역할을 하는 것이 있다. 바로 매각물건명세서다. 부동산 경매를 진행하면서 주의해야 할 권리들과 임차인 현황 등이 자세하게 명시되어 있다.

　혹시라도 부동산을 낙찰받았는데 매각물건명세서와 다른 권리나 예기치 못한 일이 발생할 때는 판사에게 요청할 수 있으며 정당하다고 판단되면 보증금을 환불해주기도 한다. 그렇기 때문에 매각물건명세서는 입찰하기 전 꼭 확인해야 하는 필수서류이기도 하다.

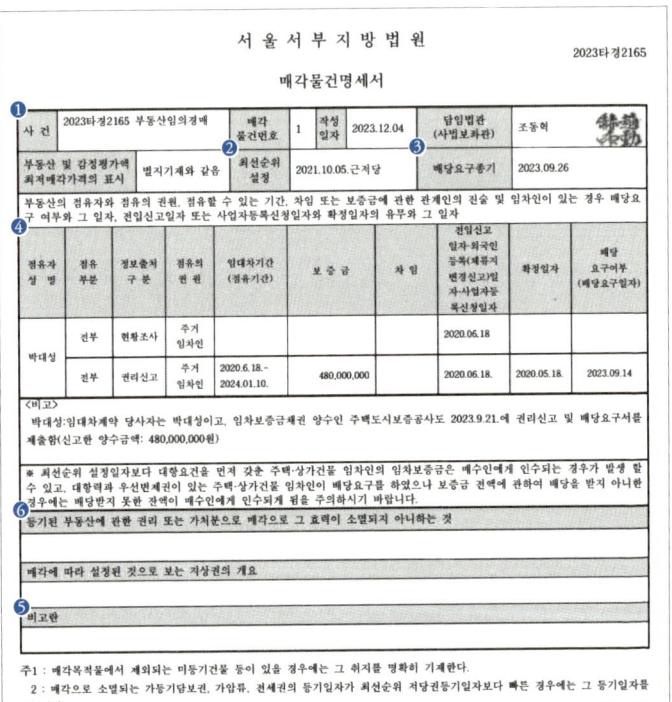

① 부동산 경매 사건번호를 기재한다.
② 최선순위 설정은 우리가 배운 말소기준권리의 날짜를 의미한다.

③ 배당요구 종기일 내에 배당요구를 하지 않은 임차인, 채권자는 배당을 받을 수 없다.

④ 현 부동산의 임차인 현황과 정보를 기재한다. 이곳에 명시된 날짜와 최선순위 설정 날짜를 비교하며 권리분석을 하면 된다.

⑤ 비고란에는 권리 신고를 한 임차인과 관련된 추가적인 정보가 기재된다.

⑥ 간혹 부동산 경매를 통해 낙찰이 되더라도 소멸되지 않는 권리들이 있는데, 그럴 경우 이곳에 기재한다. 경매 초보라면 이곳이 깔끔한 물건을 도전하길 추천한다.

누가 빨리 적응하나, 물건검색 훈련법
경매 물건검색 훈련법
첫째도 둘째도 셋째도 입지
경매인의 필수품, 지도 활용법
아파트 검색은 이렇게
빌라 검색은 이렇게
하지 말아야 할 부동산

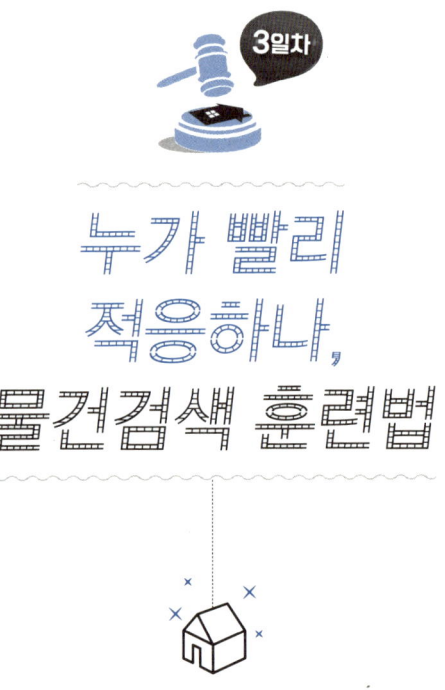

누가 빨리 적응하나, 물건검색 훈련법

이제부터 알아볼 내용이 이 책의 핵심이라고 봐도 무방하다. 그만큼 다른 경매책들과 다른 '딱쉬운경매'만의 노하우를 공개한다. 그대로 따라하기만 한다면 경매 초보는 탈출할 것임을 확신한다.

우선 물건검색 방법부터 확인해보자. 우리가 접하는 부동산 경매의 물건들은 대한민국 법원이 운영하는 경매정보 사이트에서 확인이 가능하다.

그러나 대한민국 법원의 사이트는 생각보다 친절하지 않다. 기본적인 자료만 제공할 뿐 이용자가 추가로 알고 싶은 정보는 제공하지 않는다. 이를 보완하여 유료 경매 사이트에서는 대한민국 법원의 사이트 정보를 입찰자가 편리하게 검색할 수 있도록 자체적으로 정리하여 정보를 제공한다. 그래서 대부분의 경매인들은 경매 검색 사이트를 통해 물건을 검색한다. (유료 경매 사이트도 가끔 하자가 발생하여 입찰 사고가 날 수 있으니, 마지막 확인은 대법원 경매 사이트를 통해 꼭 체크하는 습관을 들이자.)

또한 유료 경매 사이트에서는 다양한 방법으로 필터링을 할 수 있도록 서비스를 제공하고 있다. 무료로 이용할 수 있는 경매 사이트도 있지만 전쟁터에 나가는데 칼을 들고 나가는 것과 총을 들고 나가는 것의 차이로 비교할 수 있다. 그만큼 유료 경매 사이트의 인터페이스나 정보 제공의 질이 확연히 다르니 각자의 판단하에 경매 물건을 검색하면 된다.

▲ 유료 경매 사이트 예시

지금부터는 경매 사이트를 어떻게 활용하면 좋을지 자세하게 설명을 해보려고 한다.

처음 경매를 하는 분들은 모든 물건을 다 관심 있게 살펴보곤 한다. 빌라, 아파트, 다가구, 상가 등 다양한 부동산을 모두 섭렵할 기세다. 그렇게 물건검색을 하다 보면 관심물건이 수없이 쌓이는 경험을 하게 된다. 그러나 그렇게 해서는 결과를 내기 쉽지 않다. 경매는 소액으로 할 수 있지만 그 소액도 아주 큰돈임은 분명하다. 우리의 소중한 투자금이 들어가는데, 정말 입찰할 수 있는 물건들 위주로 보는 것이 맞다. 그러면 어떻게 물건을 검색해야 할까?

위의 사진에서 보다시피 지역, 물건종류, 감정가격 등을 설정하여 나의 관심에 맞는 물건들만 모아서 따로 살펴볼 수 있다. 예를 들어 서울의 아파트의 30평대만 보고 싶다면 지역과 물건종류, 면적을 설정하면 된다. 그리고 가장 중요한 것은 나의 자본금에 맞게 도전 가능한 물건들을 살펴봐야 한다는 점이다. 그렇다면 나의 자본금으로 봐도 되는 물건은 어느 정도일까? 바로 나의 자본금의 약 5배까지의 물건이 나의 주 타깃 물건이라고 생각하면 된다.

물건이 조건에 맞게 검색이 되었다면 이제부터 물건검색 훈련을 시작해보자. 경매를 하려고 하는데 갑자기 훈련이라는 단어를 보니 어색할 수 있다. 그러나 경매는 훈련의 영역이기도 하다. 책의 처음 부분에서 말했지만, 경매는 건강한 몸 만들기와 같다고 했다. 하루 아침에 건강하고 튼튼한 몸을 만드는 것은 불가능하다. 식단 조절과 꾸준한 운동, 충분한 휴식 등이 고루 이루어지고 유지되어야만 건강한 몸을 만들 수 있는 것이다. 경매도 마찬가지다. 처음부터 의욕있게 도전하는 것도 좋지만 더 중요한 것은 나의 페이스대로 꾸준히 연습하고 실력을 늘려가는게 더 바른 길이다. 추후 설명할 시세조사, 임장 방법, 명도 등 모든 내용들이 처음 도전하는 우리에게는 익숙하지 않은 영역이다.

 갓 태어난 아기가 갑자기 100m 달리기를 할 수 있을까? 우선 서는 법을 배우고, 한 발을 내딛고, 걸음걸이가 완성된 후, 천천히 달리기를 마스터하고 전력질주를 하는 순서와 훈련이 필요하다. 경매를 하는 데 자격 요건은 없지만 실력의 차이는 분명히 존재한다. 시세보다 단순히 싸게만 사면 된다는 생각으로 경매에 쉽게 도전했다가는 오히려 실망만 안고 돌아서기 십상이다. 그렇기 때문에 이 책에서 안내하는 훈련 과정을 그대로 연습하길 바란다.

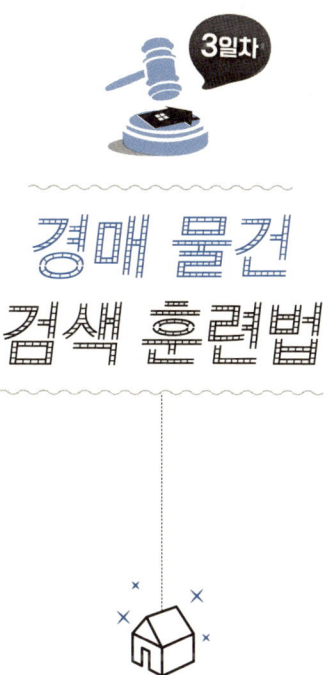

1. 매일 같은 시간 책상에 앉는다

일반 부동산 투자와 경매 투자의 가장 큰 차이는 무엇일까? 그것은 바로 원하는 물건을 고를 수 있느냐 없느냐의 차이다. 부동산 경매에 나오는 물건은 내가 원하는 물건이 나오지 않는다. 일반 부동산이야 내가 원하는 지역의 마음에 드는 물건을 여러 개와 비교하여 가장 좋은 것을 고르면 된다.

그러나 경매는 다르다. 내가 원하는 지역에 원하는 물건이 바로바로 나오질 않는다. 그래서 어떤 물건이 경매로 나와 새로운 주인을 기다릴지 모르니 우리는 직접 사냥에 나서야 한다. 사냥을 잘하려면 물건검색의 기초 훈련이 되어있어야 하고 물건검색의 기초는 **바로 매일 책상에 앉는 것이다.** 너무 간단하고 당연한 이야기를 하는 것 아닌가? 하고 생각할지 모른다. 그런데 세상에서 가장 힘들고 어려운 것이 바로 당연한 일을 꾸준히 하는 것이다. 경매 실력을 늘리기 위해서는 기본기가 잘 되어 있어야 한다. 수없이 경매를 하고 교육을 하고 있는 나도 매일 하루도 빠짐없이 물건검색을 한다. 그래야만 좋은 물건을 고르는 눈이 길러진다.

간단한 비유를 해보자면, 여러분들은 경차와 스포츠카 중 어떤 것이 더 비싸고 좋다고 생각하는가? 당연히 스포츠카가 좋다고 생각할 것이다. 그러나 이 생각의 과정은 결코 당연하지 않았다. 여러분들이 세네 살 어린아이였다면 바로 구분할 수 있었을까? 여러분이 바로 판단을 내린 것은 수없이 많은 자동차를 봐왔기 때문에 직감적으로 판단을 내릴 수 있었던 것이다.

부동산도 마찬가지다. 매일 책상에 앉아 나의 조건에 맞는 물건을 집중해서 검색해보자. 그러려면 가장 편하고 집중을 잘 할 수 있는 시간이어야 한다. 그 시간만큼은 물건검색을 위해 오롯이 쓸 수 있어야 한다. 사냥에 성공하기 위해서는 집을 떠나 탐색을 나서야 하듯이 돈이 되는 물건을 찾으려면 포인트 있는 물건검색을 시작해야 한다.

2. 30분의 마법

책상에 앉았다면 경매 물건검색을 시작할 준비가 된 것이다. 그리고 해야 할 일이 있다. 타이머를 켜고 30분 세팅을 하자. 갑자기 웬 타이머일까? 그리고 왜 30분일까? 그 이유는 우리가 가장 집중할 수 있는 시간의 비밀에 있다. 혹시 학교의 수업 시간이 어떻게 되는지 아는가? 초등학교는 40분, 중학교는 45분, 고등학교는 50분, 대학교는 2시간가량 진행한다. 초등학생은 40분 이상의 시간을 집중할 수 없고, 나이가 많아질수록 집중의 시간이 늘어나기 때문이다.

그래서 우리는 가장 집중할 수 있는 시간을 30분으로 잡아야 한다. 그 시간을 넘어가는 순간 우리의 눈은 점점 흐려지고, 총기가 흐려진 우리의 모습을 보게 될 것이다. 아마 물건검색을 해 본 사람은 느낄 수 있을 것이다. 1시간에서 2시간을 물건검색을 했을 때, 뻣뻣함과 눈의 피로 등이 몰려올 것이다. 심지어 고도로 집중했기에 집중력이 흐려지고 다음에 해야할 일(시세조사 등)을 하지 못하게 된다. 그래서 하루에 딱 30분을 지키자.

나는 체력도 좋고 집중력이 좋아서 더 해도 된다고? 만약 매일 그렇게 할 자신이 있다면 그렇게 해도 된다. 그러나 지키지 못할 약속을 하지는 말자. 경매는 건강한 몸 만들기와 같다. 의욕이 넘치고 힘이 넘쳐흘러도 무리를 하면 부상을 입게 되고 오히려 해야 할 일을 못하게 된다. 30분은 우리가 경매 사냥에 나설 시간으로 충분하다.

타이머는 반드시 켜놓아야 한다. 타이머의 효과는 굉장하다. 시간이 흘러가는 것을 직접 느낄수록 우리의 집중도는 높아지고, 30분이 되는 순간을 명확하게 알려주기 때문이다. 물건검색의 두 번째 기초는 30분간 집중하자는 것이다. 제발 30분 넘게 물건검색을 하지 말자.

3. 물건검색 훈련

30분 세팅이 끝났다면 물건을 검색하기 시작한다. 하나의 물건에 관해 도대체 무엇을 어떻게 봐야 할까?

첫째, 물건의 주소를 확인한다. 이때 자세한 주소보다는 시, 구, 동까지만 봐도 충분하다. 내가 모르는 곳이라 하더라도 상관없다. 그냥 '이런 곳에 이런 물건이 나왔구나' 정도로 훑고 지나가기만 해도 된다. 우리는 경매를 하지만 본질은 부동산 투자를 하는 것이다. 부동산 투자에서 지역에 대한 익숙함은 필수이다. 그렇게 물건검색을 하다 보면 어느 지역에 어떤 물건이 주로 나오는지 감이 오기 시작한다. 그것이 바로 부동산 투자의 첫 시작이다. 더불어 서울, 경기 지도를 하나 사서 집에 붙여 놓는 것을 추천한다. 나도 처음엔 서울의 무슨 구가 어디에 있는지를 모르니 물건을 봐도 좋은지 안 좋은지 알 수가 없었다. 시간이 날 때마다 경매 물건의 위치가 서울이나 경기도의 어느 지역에 있는지를 꼼꼼히 확인해보자.

지방은 왜 빼냐고? 대한민국 인구의 절반이 서울, 수도권에 몰려 산다. 그만큼 많은 사람이 사는 곳이고 부동산 투자를 하는데는 수도권 지리에 대해 기본적으로 알아두어야 한다.

둘째, 사진을 훑어본다. 부동산 경매에서는 물건에 대한 판단을 돕기 위해 현황조사관이 직접 해당 부동산에 방문하여 여러 가지 사진을 찍어 올린다. 이를 바탕으로 사진을 통해 알 수 있는 정보들을 수집한다. 건물의 외관, 층수, 동네의 분위기, 연식, 수리 유무 등을 사진을 통해 판단하면 된다. 예를 들어, 해당 물건의 사진을 보니 다른 호수와 달리 현관문이 최신 상품으로 교체가 된 사진을 발견한다면 이 집의 내부도 수리가 되어있을 확률이 높다고 추측할 수 있다. 내부 건축도면도 첨부가 되어있는데 방은 몇 개이고 화장실은 몇 개인지, 엘리베이터 유무까지 간단하게 파악할 수 있다.

그러나 사진만으로 모든 결정을 내려서는 안 된다. 현황조사관이 나갔을 시기는 경매가 진행되기 6개월 전 시점이다. 현재는 건물의 상태가 바뀌었을 수 있고, 사진에는 담기지 않은 요소들이 많을 수 있다. 이를 확인하기 위해 직접 방문해보는 것을 임장이라고 한다. 임장 시에는 어떤 포인트대로 물건을 확인해야 하는지 책의 후반부에 설명해두었다.

처음 사진을 볼 때는 분명 오랜 시간이 걸릴 것이다. 한 장 한 장 꼼꼼히 확인해서 놓치면 안 될 것 같은 기분이 든다. 당연한 일이다. 그러나 최대한 빠르게 사진에서 정보를 뽑아 내는 연습을 해야만 한다. 의식적으로 시간을 줄이려고 노력해야 한다. 그 이유는 바로 위에서 말한 30분이라는 시간 때문이다. 사진을 논문 공부하듯이 꼼꼼히 보다가는 제한된 시간 내에 다양한 물건을 보지 못할 확률이 높아진다. 명심하자. 사진은 슥 훑어만 보면서 빠르게 정보를 캐치해내는 연습을 하자.

　셋째, 지도를 본다. 보통 유료 경매지에는 다양한 사이트의 전자지도와 연동하는 기능을 제공한다. 우리가 살면서 지도를 얼마나 자주 볼까? 부동산 투자를 한다는 사람들조차도 지도를 보지 않고 투자하는 경우가 굉장히 많다. 그러나 부동산 투자를 하는 사람이라면 지도에 반드시 익숙해져야 한다. 경매도 마찬가지다. 우리 물건이 어느 위치에 자리했는지, 주변 인프라와 학교는 얼마나 멀리 떨어져 있는지, 역과의 거리는 얼마나 되는지 등을 확인한다.

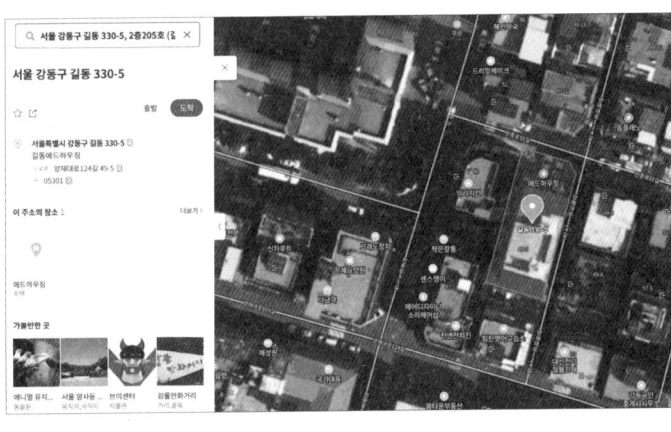

지도를 통해 빠르게 확인해야 하는 것을 안내하자면, 초등학교, 역이나 버스 정류장, 병원과 마트 정도이다. 우리가 투자하는 경매 물건의 90% 이상이 주거용 부동산이다. 사람이 사는 부동산이기에 사람이 살기 좋은 환경과 인프라를 갖췄는지 지도를 통해 빠르게 확인해야 한다. 이 역시 처음엔 속도가 느릴 것이다. 그러나 이 역시 훈련의 영역이기에 연습만 한다면 단 몇 초 만에 위의 내용들을 확인하는 순간이 올 것이다.

여기까지가 한 물건을 보는 데 필요한 3가지 과정이다. 주소를 본다, 사진을 본다, 지도를 본다. 이 3가지 과정을 모두 진행하는데 30초를 넘기면 안 된다. 뭐? 30초 안에 이 모든 걸 다 봐야 한다고? 이쯤되면 불가능한 이야기를 하는 건 아닌가 의

심이 들기도 한다. '그러면 임차인 현황, 권리분석, 물건 설명 등은 언제 봐야 해?' 우리는 물건검색 훈련을 하고 있다. 100m 달리기를 처음부터 하면 오히려 탈이 나게 되는 것이다. 기어가기, 걸어가기부터 마스터가 되어야 전력질주가 가능한 것이다. 부디, 한 물건을 볼 때 30초 이상을 보지 말아야 한다. 그 순간, 당신은 물건검색의 악순환 고리로 빠져들게 될 것이다.

　30초에 1개의 물건을 본다면 30분에 60개의 물건을 훑어보는 것이다. 전국에는 매일 300개에서 400개의 물건이 쏟아져 나오고 있다. 어떤 것이 돈이 될 물건이지 아닌지를 판별하는 것이 경매의 첫 시작이다. 정보를 하나하나 살펴보지 않아도 괜찮다. 그냥 보고 또 보고 물건검색에 익숙해져라. 그것만이 고수로 나아가기 위한 첫 번째 길이다. 30분에 60개의 물건을 보는 것이 가능해졌다면 비로소 달리기를 할 준비가 된 것이다. 60개의 물건을 주소, 사진, 지도 확인까지 30분 안에 끝내게 되면 지역에 대한 데이터, 사진을 통해 확보하는 정보의 양과 질, 물건의 인프라 확인과 각 지역의 특징들이 머릿속에 자신도 모르게 저장되기 시작할 것이다.

　이 과정을 마치면 60개의 물건 중에 괜찮게 판단됐던 물건 3~4개가 기억이 나게 된다. 그때 그 물건으로 다시 돌아가서 더 자세하게 물건을 확인하는 것이다. 시세도 확인하고, 권리분석도 해보고, 현황조사서와 임차인의 내역도 확인해보는 것이다.

물건검색이란 이렇게 하는 것이다. 처음부터 온 신경을 쏟아 물건을 자세하게 보겠다는 생각은 버려야 한다. 그러면 집중력이 약해져서 정작 숨어 있는 보물들을 놓치게 된다. 이 책을 덮는 순간, 타이머를 누르고 30분간 60개 물건 훑어보기를 시작하라!

첫째도 둘째도 셋째도 입지

부동산은 첫째도 둘째도 셋째도 입지다. 그 이상도 그 이하도 없다. 그렇다면 좋은 입지란 무엇을 말하는 것일까? 부동산의 성질은 부동성, 부증성, 영속성. 움직이지 않고, 늘어나지도 않으며, 영원하다. 건물을 높게 지으면 늘어나고, 부수면 영원하지 않다고 생각하는 사람이 있다. 부동산이란 건물이 아니라 토지의 가치를 말하는 것이다. 지금 여러분이 서 있는 토지는 수만 년 전에도 그 자리에, 늘어나지도 않고 존재해왔다. 그러나 모든 부동산이 같은 가치를 가지진 않는다. 사람들이 생각하는 가치에 따라 그 값어치가 달라지게 되는데 모든 부동산은 사람의 발소리가 끊이지 않을수록 가치가 올라간다고 생각하면 된다.

그래서 부동산은 제각기 특징을 가지고 있는데 사람들이 좋아하고 자주 다니는 곳에 위치할수록 가치가 오르고, 사람의 흔적이 적을수록 가치는 낮아지게 된다. 이를 우리는 입지라고 부른다. 부동산 경매도 부동산 투자의 여러 방법 중 하나에 불과하다. 결국 단순히 싸게 사는 것보다 중요한 것은 좋은 부동산을 사야 한다는 점이다. 그렇다면 좋은 부동산은 어떻게 판단을 내려야 하는 것일까?

우리가 주로 도전할 물건은 대부분 주거용 부동산이다. 주거용 부동산과 비주거용 부동산은 서로 요구하는 입지가 다르다. 주거용 부동산에서 좋은 입지란 어떤 것을 말하는지 간단히 알아보자.

1. 교통

사람들은 항상 바삐 움직인다. 지하철과 버스를 타고 출근을 하고 자가용을 이용해 여행을 다닌다. 모든 부동산은 교통이 편리하고 접근하기 쉬운 곳일수록 가치가 오른다. 엘리베이터가 없는 빌라에서 가장 선호하는 층은 2층이다. 반대로 꼭대기 층은 선호도가 가장 낮다. 접근하기 어렵기 때문이다. 직접 확인해보면 지하철 역과 가까울수록, 버스 정류장과 가까울수록 집의 가격은 점점 높게 형성된다.

나는 한때 인천에서 서울까지 매일 차로 출퇴근을 했었다. 꽉 막히기로 유명한 올림픽대로에 올라타기 위해 또다시 꽉 막힌 길을 뚫고 가야 하는 시간들이 너무너무 아까웠다. 그때는 올림픽대로에 바로 진입할 수 있는 곳에 사는 사람들이 너무 부러웠다. 그런데 그런 곳은 이미 너무 비싸 감당이 되지 않는 곳이었다. 그만큼 교통이 부동산에 미치는 영향은 실로 지대하다.

최근 GTX-A 노선 개통과 관련해 동탄 아파트의 가격이 들썩거린다는 뉴스가 흘러나왔다. 많은 사람이 획기적인 교통의 개선을 코앞에 두고 설렘을 금치 못하고 있다. 따라서 좋은 부동산의 입지를 따지려면 교통을 눈여겨봐야 한다.

2. 일자리

교통과 연관된 내용이다. 일자리와 집이 가까운 곳, 직주근접성이 좋은 곳은 여지 없이 가치가 훌륭하다. 사람들은 출퇴근 시간이 적은 집을 선호하고 그에 대한 가치를 지불한다. 대한민국에서 가장 고소득 일자리가 높은 지역은 강남이다. 그래서 대한민국 집값은 강남을 중심으로 형성된다. 강남과 가깝고 더 빨리 이동할 수 있는 곳일수록 시세는 높게 형성된다. 이처럼 주위에 일자리가 많은 지역 또는 일자리와 연결되는 교통이 좋은 곳이라면 눈여겨봐도 좋다.

3. 학군

우리나라의 교육열은 세계적으로 유명하다. 맹모삼천지교란 말은 중국에서 왔지만 우리나라만큼 잘 지키는 나라도 없을 것이다. 아이들의 미래를 위한 투자는 집으로도 연결된다. 40년이 다 된 대치동 은마아파트는 여전히 전고점을 갱신하며 하루가 다르게 비싸지고 있다. 집에서 초등학교까지 큰 길을 건너는지 안 건너는지에 따라 아파트 단지의 가격이 달라지고 로얄동이 나뉘게 된다. 그만큼 학군은 입지에 큰 영향을 준다.

특히 학원들이 수백 개가 늘어선 학원가가 가깝고 특목고와 서울대 진학률이 높은 중·고등학교에 배정받을 수 있는 집은 가격이 달라진다. 서울의 3대 학원가인 대치동, 목동, 중계동 학원가의 밤 풍경을 보면 학원버스들과 라이딩을 하는 학부모들의 주차난이 심각한 뉴스로 다뤄지기도 한다.

특히 대단지 아파트가 많은 곳에는 반드시 학원가가 형성되기 때문에 이를 확인해보는 작업을 해보자. 학원가가 아니더라도 우리 물건을 주변으로 걸어서 10분 안에 갈 수 있는 초등학교가 있는지 반드시 확인하자. 아이들을 학교에 보내는 학부모는 학교와 가까운 집을 선호하게 된다. 중학교나 고등학교는 있으면 좋지만 크게 영향을 주지 않는다.

같은 경매 물건을 보더라도 포인트를 생각하고 보는지 아닌지에 따라 그 사람의 실력은 달라진다. 물건검색 훈련 중 반드시 지도를 봐야 하는 이유가 바로 입지 때문이다. 실력 있는 경매인들은 물건이 아닌 입지를 본다. 그 입지를 빠르게 파악하고 분석하려면 매일 하는 물건검색 훈련을 게을리하지 말자.

경매인의 필수품, 지도 활용법

3일차

 앞서 언급했듯이 경매도 결국은 부동산을 사고 파는 행위 중 하나일 뿐이다. 그렇다면 좋은 입지의 부동산에 경매로 참여해야 한다. 좋은 입지를 보려면 교통, 일자리, 학군을 봐야 한다. 그래서 지금부터는 지도를 통해 어떻게 이를 확인하는지 알아보려고 한다.

 지도 사이트는 다양하지만 네이버 지도를 기반으로 안내를 하고자 한다. 네이버 지도의 다양한 기능들은 카카오맵 등에서도 활용 가능하다. 우선 두 지도를 살펴보자.

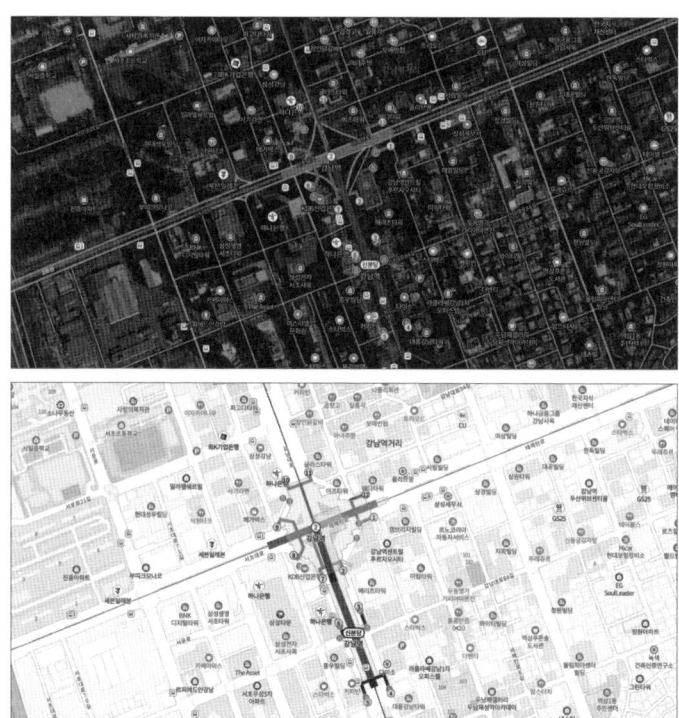

두 지도의 차이가 느껴지는가? 첫 번째 지도는 위성사진이 기반이고, 두 번째는 일반지도다. 위성지도는 강남역과 근처의 도로, 건물들의 실제 모습이 내려다보이지만 복잡하다. 일반지도는 건물의 모습과 도로를 도식화하여 간단하게 표시했지만 현실성이 낮다. 그로 인해 대부분의 사람들은 보기 편한 일반 지도를 사용한다. 경매를 한다면 어떤 지도를 봐야 할까?

나는 위성지도의 사용을 강조한다. 우리는 부동산을 공부하고 투자한다. 그렇다면 조금이라도 더 현실성에 가까운 지도를 살펴보려는 노력을 해야 한다. 위성지도를 통해 살펴보면 건물의 모습이 구체적이고 주위의 인프라가 어떤지 빨리 캐치해낼 수 있으며, 나아가 토지 투자를 할 때는 위성 지도의 활용도가 더 높아진다. 따라서 지금이라도 모든 지도는 위성지도로 활용하도록 습관을 들여야 한다.

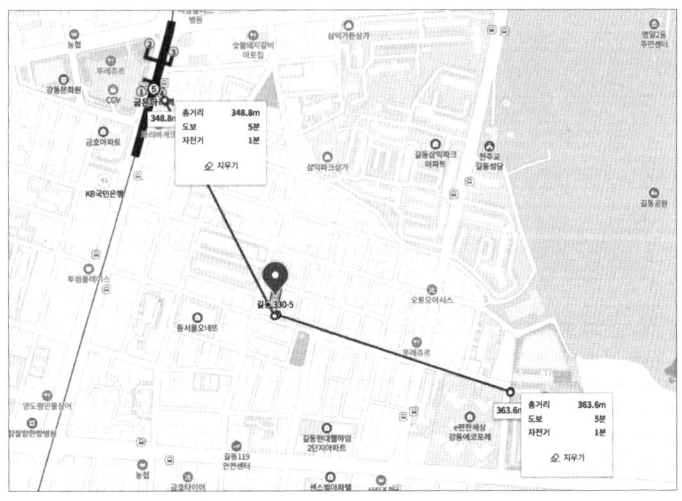

위의 사진을 통해 우리 물건의 입지를 바로 확인해보자. 서울 강동구 길동에 위치한 우리 물건은 도보 5분 내에 지하철역이 존재하고, 도보 5분 내에 초등학교까지 갈 수 있다. 우측을 살펴보면 길동 공원도 넓게 형성되어 있다. 굽은다리역 주변을 보면 CGV 영화관도 있고, 은행도 있다. 당연히 병원도 많이 존재할 것이다.

주거용 부동산으로 손색이 없다. 이 물건이 마음에 든다면 바로 조사를 들어가면 되는 것이다. 부동산 경매는 결국 권리분석과 같은 이론보다 실전 부동산 투자라고 생각해야 한다. 부동산 경매도 결국은 입지다.

1. 로드뷰

요새는 앉은 자리에서 궁금한 동네의 모습을 둘러볼 수 있을 만큼 기술이 발달했다. 컴퓨터만을 활용해 직접 그 동네로 가상의 임장을 떠나볼 수 있는 것이다. 그래서 활용하는 기능이 로드뷰라는 것이다. 로드뷰는 말 그대로 자동차가 다니며 주변의 모습을 360도 촬영하여 풍경을 제공하는 기능이다. 지도 우측의 거리뷰 또는 로드뷰를 클릭하면 지도의 모습이 다음과 같이 바뀐다.

 자동차가 다니는 길의 색깔이 바뀌게 되고 원하는 위치에 마우스로 클릭을 하면 주변의 풍경이 제공된다. 이 기능을 활용하여 내가 보고자 하는 경매 물건의 동네 분위기를 직접 가보지 않고도 느껴볼 수 있다. 보통 아파트 단지 내부도 둘러볼 수 있으니 우리의 시간을 아껴주는 좋은 기능이다. 또한 연도별 사진도 꾸준히 업데이트가 되니 시간의 변화에 따른 입지의 변화까지 눈여겨볼 수 있으니 지도를 잘 활용해보길 바란다.

2. 저장 기능

네이버 지도에는 지도에 여러 가지 메모를 할 수 있는 기능을 제공하고 있다. 이 기능을 아는 사람은 주로 자신만의 맛집, 놀거리 등을 지도에 저장해놓곤 하는데 우리는 부동산 투자를 하는 사람이지 않은가. 이 기능을 부동산 투자에도 적절히 활용해 자신만의 기록을 만들자. 네이버 아이디를 통해 로그인을 했을 때만 제공하는 기능이니 이를 꼭 확인하자. 우선 메모 활용 예시부터 보자.

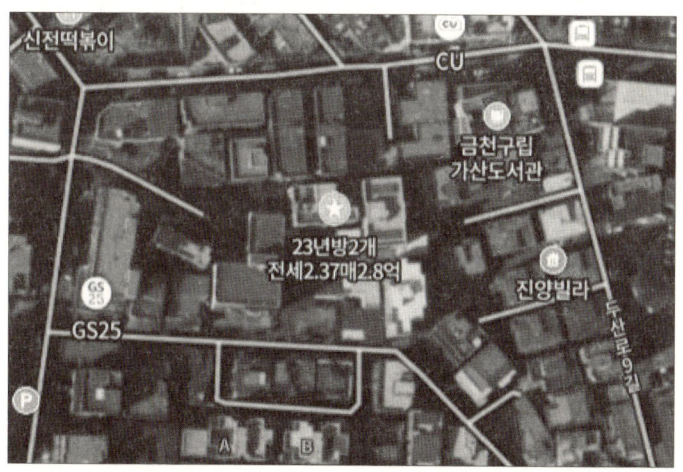

위의 사진을 보면 건물 위에 별이 표시되고 '23년 방 2개 전세가 2.37, 매매가 2.8억'이라는 문구를 확인할 수 있다. 나만

의 기록이며 뜻은 "2023년도에 위 빌라에 임장을 왔고, 방은 2개짜리이며, 전세가와 매매가의 금액이 각각 2.37억, 2.8억으로 조사되었다"는 뜻이다. 이 기능을 활용하면 역과의 거리가 얼마나 떨어졌는지, 금액은 얼만지, 시기에 따라 어떻게 시세가 어떻게 변화가 되는지 등을 한눈에 파악할 수 있다. 지도의 기능 사용법은 다음과 같다.

① 부동산의 주소를 검색한다.
② 네이버 지도 좌측의 주소 밑의 별표(저장)를 클릭한다.
③ 메모 하고 싶은 말을 적는다.

3. 개발 지역을 한눈에

물건을 검색하다 보면 내 물건이 개발 지역 안에 포함된 곳인지 아닌지 확인하고 싶을 때가 있다. 그럴 때, '아파트 실거래가'(아실)라는 사이트를 활용해 간단히 확인이 가능하다. '아실'은 전국의 개발 진행 내용을 주기적으로 업데이트 하여 지도 위에 표시를 해준다. 다만 참고만 할 뿐 맹신해서는 안 된다. 정확한 확인은 해당 지자체에 문의해야 한다는 점을 주의 바란다.

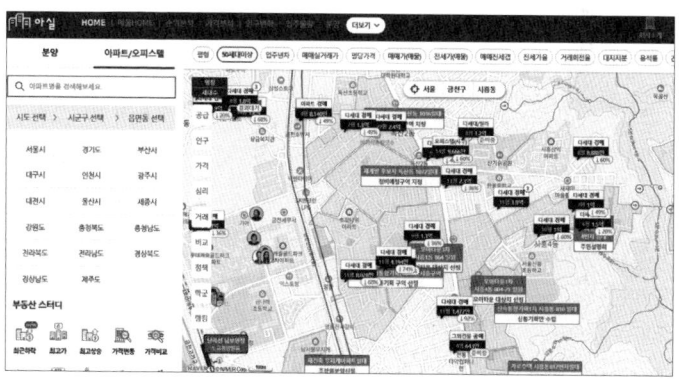

'아실'의 홈페이지 화면이다. '아실'은 여러 가지 부동산 기능을 제공하는데 지도 위에 민트색으로 칠을 해놓는다. 이 부분이 여러 가지 개발과 관련된 지역임을 확인할 수 있다. 또한 현재 진행 중인 경매 물건의 위치도 지도 위에 함께 표시해주는데 이를 활용하면 재개발이나 재건축이 진행되는 구역 안에 경매가 진행되는지 아닌지를 확인할 수 있다.

아파트 검색은 이렇게

 아파트는 경매를 처음 도전하는 사람들이 가장 많이 눈여겨보는 상품이다. 우리 주변에 흔히 볼 수 있고, 환금성이 뛰어나며, 모두가 좋아하기 때문이다. 그래서 아파트 경매는 매번 경쟁이 치열하다. 평균 10명에서 많게는 40명이 경쟁 입찰을 하기도 한다. 과연 어떤 아파트를 도전해야 조금이라도 수익이 나고 경쟁도 적을까? 지금부터 몇 가지 팁을 전달하고자 한다.

1. 거래량을 확인하자

아파트에서 가장 중요한 부분이 무엇일까? 바로 환금성이다. 똑같은 아파트라고 하더라도 거래가 많은지 적은지에 따라 가치는 달라지게 된다. 아무리 좋은 입지에 인프라가 잘 되어있어도 거래가 잘 안 되는 아파트는 추후 매도 시에 잘 팔리지 않아서 후회를 많이 하게 된다. 따라서 아파트 경매에서 거래량 확인은 필수사항이다. 거래량 확인 방법은 네이버 부동산이라는 사이트를 통해 확인할 수 있다.

아파트 500세대 기준, 한 달에 한 건 이상 꾸준히 거래되는 아파트를 골라내자. 특히 불황기에도 꾸준히 매매가 이루어지는지를 살펴봐야 한다. 아파트 상승기에는 아파트가 귀하여 1층이나 2층과 같은 비선호층도 잘 팔리기 때문이다. 진짜는 불황기에도 잘 팔리는 아파트다.

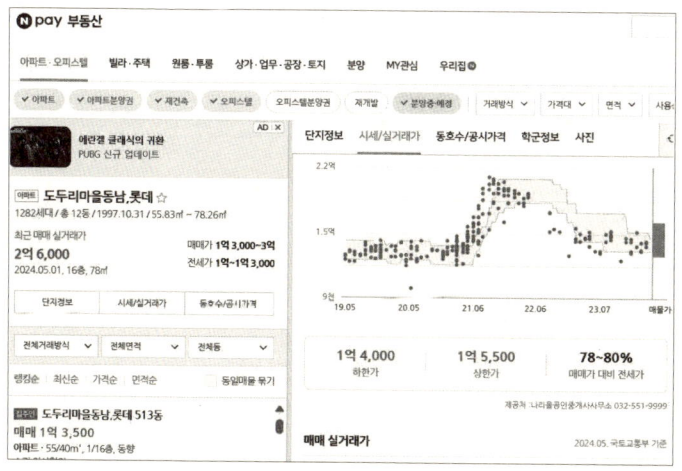

2. 세대수를 확인하자

아파트 세대수는 단지의 인프라에 영향을 준다. 통상 100세대 미만의 아파트를 나홀로 아파트라고 하는데, 커뮤니티 시설이나 관리 상태 등이 대단지 아파트에 비해 부족할 수 밖에 없다. 또한 사람들은 나홀로 아파트보다는 대단지 아파트를 선호하기 때문에 이왕이면 세대수가 많은 것을 고르는 게 좋다. 세대수 역시 네이버 부동산 사이트를 통해 확인할 수 있다. 통상 500세대 이상의 아파트를 고르는 것이 좋다.

3. 저층보다는 중층

아파트는 1층부터 꼭대기층까지 여러 층에 따라 가격이 천차만별 달라진다. 학원 수업시간마다 항상 질문을 던진다. "1층과 꼭대기 층 중 어디가 좋으세요?" 대답은 압도적으로 꼭대기층을 선호한다. 과연 다른 사람들의 생각도 다를까? 다수가 좋아하고 선호하는 데는 이유가 있다.

같은 경매 물건을 고르더라도 1층보다는 중간층이나 탑층을 고르는 게 낫다. 그렇다면 2층은 어떨까? 실제로 2층은 1층보다도 선호도가 낮은 편이다. 1층은 아이들을 키우는 집이나 연세가 많은 분들이 목적성을 가지고 매매하는 편인데, 2층은 층

간소음에서 해방되지도 않고, 사생활 보호가 잘 되는 것도 아닌 애매한 층이다. 아파트 물건은 매번 쏟아지니 2층 아파트는 꼭 필요한 경우가 아니라면 패스하자.

4. 건물 면적은 대형평형 미만으로

아파트는 다양한 평형대로 구성이 된다. 그중에서도 33평형인 85제곱미터 미만의 아파트를 검색하는 편이 좋다. 물론 대형평수를 검색하여 도전하는 것도 좋지만 거래가 활발히 이루어지는 편은 아니다. 실제로 우리나라는 1인 가구가 폭발적으로 늘고 있고, 아이를 잘 낳지 않는 실정이다. 갈수록 대형평수에 대한 선호도가 줄어들 것이고 소형, 중형 아파트의 인기는 높아질 것이다. 많은 수요가 몰리는 평형대를 골라 경매로 도전한다면 더 많은 기회가 찾아올 것이다.

또한 아파트 단타를 노리는 분이라면 매매사업자를 활용해 절세를 하려고 한다. 이때 85제곱미터를 초과하는 주택의 경우 건물분의 10% 부가세가 추가로 붙으니, 거래도 잘 되고 가벼운 가격의 소형 주택을 공략하는 것이 더 낫다.

5. 전세 현황을 파악하자

잘 팔릴 아파트를 아는 방법 중 하나는 전세 물량을 확인하는 것이다. 부동산에 내놓은 전세 물량이 적다는 것은 그만큼 인기가 많은 아파트라는 뜻이다. 세대수 대비 너무 많은 전세 매물이 있지는 않은지, 전세를 구한다고 하면서 가격을 깎아보자. 가격이 깎이지 않고 매물이 부족한 상황이라면 이 아파트는 조만간 가격이 오를 확률이 높다.

또한 전세가율도 너무 낮은 것보다도 높은 쪽이 좋다. 원래 입지가 좋은 아파트일수록 전세가율은 낮아지기 마련이다. 그러나 우리는 부동산 경매로 파는 전략을 취할 것이다. 따라서 전세가와 매매가가 큰 차이가 나지 않는 아파트를 고르는 것이 좋다. 그래야만 전세로 이동하는 수요가 매매로 이어질 수 있기 때문이다.

빌라 검색은 이렇게

　빌라는 서민의 주거 상품이며 아파트를 향한 주거 사다리 역할을 한다. 따라서 아파트에 비해 가격대가 저렴하고 소형 평수가 주를 이룬다. 또한 아파트에 비해 선택의 폭이 굉장히 넓고 다양하다. 이 말은 너무 다양해서 어떤 물건이 좋은 물건이지 판단내리기도 쉽지 않다는 의미이기도 하다. 과연 어떤 빌라를 골라야 할까?

1. 역세권 빌라

기본적으로 빌라는 아파트에 비해 커뮤니티 시설이나 인프라 확보가 어려운 것이 사실이다. 아파트는 단지 내 놀이터, 넓은 주차장, 상가 등이 주변에 많지만 빌라는 그 반대다. 그러나 빌라도 사람들의 생활은 동일하기에 반드시 주변 환경을 체크해야 한다. 학교는 가까운지, 시장이나 마트는 가까운지, 주변에 병원이나 편의 시설이 있는지 등을 지도를 통해 확인해야 한다.

그러나 그런 것들을 일일이 확인하기가 어렵다면 역과 가까운지를 먼저 확인하면 된다. 기본적인 상업시설과 필요 인프라들은 보통 사람이 많이 다니는 역 주변에 몰려있기 마련이다. 경매 물건의 위치가 역이나 버스 정류장에서 도보 5분 내에 있다면 도전해봐도 좋다.

2. 꼭대기층은 피해라

빌라는 보통 5층으로 구성되어 있다. 연식에 따라 구조와 평형이 다르고 엘리베이터가 있기도, 없기도 하다. 그래서 아파트에 로얄층이 있듯이 빌라에도 선호하는 층이 있다. 빌라는 엘리베이터가 없어도 오르내리기 쉬운 2, 3층을 가장 선호한다. 빌라를 검색할 때는 아파트보다 더 신경 써서 봐야 하는 것이 바로 층수다.

내가 경매를 시작하여 처음 받은 빌라가 바로 꼭대기 5층 빌라였다. 받는 것은 할 수 있었지만 그 후가 문제였다. 엘리베이터가 없는 꼭대기 층이라 전세가 쉽게 구해지지 않았고, 누수 문제가 항상 걸림돌이 되었다. 게다가 빌라를 매도할 때도 제 가치를 제대로 인정받지 못하고 싸게 팔아야 했다. 부동산 상승장일 때는 투자 용도로 5층도 잘나가지만, 시장이 좋지 않을 때는 오로지 실거주를 할 사람들만 거래에 응한다. 실거주를 할 사람들은 웬만해서는 5층을 고르지 않는다. 그만큼 빌라에서 꼭대기 층은 위험요인이 많다. 빌라 검색을 할 때 꼭대기 층은 피하자.

3. 연식을 꼭 확인하자

빌라에서는 연식을 꼭 확인해야 한다. 30년이 넘은 노후 빌라와 4~5년 된 빌라의 차이는 어마어마하다. 경매로 빌라를 받을 때는 이 부분을 반드시 확인해야 한다. 30년 된 노후 빌라는 가격이 아주 저렴하다는 장점이 있지만 내부 올수리를 통해 가치를 올려놓지 않으면 매매가 되기 쉽지 않은 게 현실이다.

부동산 시장이 달아올라 투자 수요가 넘친다면 거래가 될 수 있지만 그렇지 않다고 하면 매도하기도 쉽지 않은 게 노후 빌라다. 따라서 수리를 하더라도 조금만 손봐도 되는 15년 이내의 빌라를 선택하는 게 현명하다. 수도권에서는 15년 이내의 빌라라면 1억대로도 충분히 경매로 낙찰을 받을 수 있고 대출을 활용하면 2000만 원 선에서도 잔금을 치를 수 있다. 따라서 빌라를 검색할 때는 빌라의 건축연도를 확인하고 15년 이내의 물건을 고르도록 하자.

하지 말아야 할 부동산

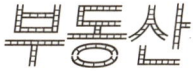

　지금까지 경매의 시작인 물건검색 방법에 대해 알아봤다. 매일 30분 동안 빠른 속도로 물건을 검색해보고 지도를 통해 개발 지역을 확인한다. 그리고 물건별로 바라봐야 하는 포인트까지 공부를 해보았다. 이 정도만 하더라도 여러분은 경매 초보에서 벗어나는 경험을 하게 될 것이다. 그런데 간혹 이 물건은 해도 되는 건지 아닌지, 헷갈리는 부동산들이 있다. 이 부분만 조심하더라도 돈을 잃을 일은 없으니 꼭 확인하길 바란다.

1. 대항력 있는 임차인(?)

조심해야 할 첫 번째 사례는 대항력 있는 임차인(선순위 임차인)이다. 이쯤되면 의문이 생겨야 한다. 대항력 있는 임차인이라도 보증금을 모두 배당받거나 돌려줄 수 있으면 도전해도 되는 것 아닌가? 맞다. 그러나 대항력 있는 임차인의 보증금의 액수에 함정이 있다. 2023년 시장에 들어서며 부동산 전반의 분위기가 조정되었다. 뜨겁게 달아올랐던 2022년 부동산 시장과 달리 높은 금리와 함께 2023년 부동산은 큰 폭으로 하락했고 이에 따라 전세 시세도 낮아지게 되었다.

여기서 문제가 발생하기 시작했다. 2021년에 높은 금액으로 전세 계약을 한 사람들이 더 낮아진 전세 시세로 인해 자신의 보증금을 제대로 돌려받지 못하는 역전세 상황을 맞아버린 것이다. 여유가 있는 집주인은 자신의 돈으로 부족한 돈을 마련을 해줬지만 상당히 많은 집들이 이를 버티지 못하고 경매로 넘어갔다. 역전세 현상이란 전세 시세보다 매매가가 더 낮아지는 것인데 경매 시장에 넘어온 물건의 대부분이 높은 전세 금액에 세팅된 경우가 많았다.

시세보다 더 낮은 금액에 경매를 받는다 하더라도 선순위 임차인에게 돌려줘야 하는 금액이 오히려 더 많기 때문에 경매로도 수익이 나지 않는 물건들이 속출하기 시작했다. 따라서 대항력 있는 임차인이라도 그 보증금액이 매매 시세보다 높은 경우에는 절대 수익을 내기 어려우니 꼭 피해야만 한다.

2. 근린생활시설 빌라

경매 물건을 검색하다 보면 독특한 문구를 마주할 수 있다.

구분(목록)	면적		감정가	비고
토지(1)	대지권 438㎡(132.495평) 중 23.7㎡(7.169평) / 제3층 제301호		80,400,000원	
구분(목록)	현황/구조	면적	감정가	비고
건물(1)	8층 중 3층 / 제3층 제301호 다세대주택	50.96㎡ (15.415평)	120,600,000원	사용승인일:2010-12-10
공부와의차이	* 감정평가서 집행건축물대장상 근린생활시설(사무소)이나 현황은 다세대주택으로 이용중이며, 무단용도변경을 시정완료함			

'현 건물은 공부상 근린생활시설이나 현황은 주거용이므로 확인 후 입찰 바람.'

이런 물건을 우리는 근생빌라(근린생활시설로 허가받은 빌라)라고 부른다. 공식 허가를 사무소로 받은 후, 실제는 주거용 건물로 사용하는 것이다. 이런 건물이 생겨나는 이유는 딱 하나다. 주차장 확보 문제 때문이다. 모든 주택은 반드시 규정에 맞는 주차장을 확보하여 설치해야 한다. 현 주차장법은 다음과 같다.

> 「주택건설기준 등에 관한 규정」 제27조(주차장)
> ① 주택단지에는 다음 각 호의 기준(소수점 이하의 끝수는 이를 한 대로 본다)에 따라 주차장을 설치해야 한다.
> 1. 주택단지에는 주택의 전용면적의 합계를 기준으로 하여 다음 표에서 정하는 면적당 대수의 비율로 산정한 주차대수 이상의 주차장을 설치하되, 세대당 주차대수가 1대(세대당 전용면적이 60제곱미터 이하인 경우에는 0.7대) 이상이 되도록 해야 한다. 다만, 지역별 차량보유율 등을 고려하여 설치기준의 5분의 1(세대당 전용면적이 60제곱미터 이하인 경우에는 2분의 1)의 범위에서 특별시·광역시·특별자치시·특별자치도·시·군 또는 자치구의 조례로 강화하여 정할 수 있다.

위의 내용을 살펴보면 세대당 최소 0.7~1대의 주차대수를 확보해야 한다. 즉, 주차장이 확보되지 않으면 세대를 늘리고 싶어도 늘릴 수 없다는 것이다. 이로 인해 신축 빌라의 수익성이 악화되기에 편법을 활용하는 것이다. 주택이 아닌 근린생활시설은 이보다 더 완화된 주차장 규제를 받기에 빌라를 지을 때 2~3개 세대를 사무실로 허가를 받는 것이다(물론 내부 공사는 주거용으로 짓는다).

이런 빌라를 근생빌라라고 한다. 이런 빌라의 가장 큰 문제는 사는 것은 일반 집과 다를 것 없지만, 이 집에 전세자금대출이 나오지 않는다. 그로 인해 생긴 것은 똑같은 빌라라고 하더라도 그 가치가 현저히 낮게 책정된다. 간혹 이런 부분을 간과하고 일반 빌라로 착각하여 낙찰을 받아 낭패를 보기도 한다. 따라서 빌라 입찰 전에는 우리 건물이 주거용으로 허가를 받았는지 건축물대장을 통해 꼭 확인해야 한다.

대지위치	서울특별시 양천구 신월동			
전유부분				
구분	층별	※구조	용도	면적(㎡)
주	3층	철근콘크리트구조	사무소	50.96

3. 위반건축물

위반건축물로 적발된 집은 경매 초보라면 피하는 게 좋다. 매년 이행강제금이 발생하며 이 역시 전세자금대출이 나오지 않는다. 또한 경매로 낙찰을 받는다고 하더라도 경락잔금 대출이 생각보다 잘 실행되지 않기 때문이다.

그러면 주로 어떤 곳에서 위반 사항으로 등재가 될까? 아파트는 거의 위반 사항으로 걸릴 일이 없다. 95% 이상 빌라와 나가구 건물에서 발생하게 된다. 빌라는 꼭대기 층에 판넬을 덮어

창고나 방으로 쓰는 경우가 가장 잦고, 다가구 건물은 옥탑에 무단 증축을 하여 방으로 쓰는 경우가 가장 많다. 물건을 검색할 때는 위반 사항이 있는지 없는지 반드시 건축물 대장을 눌러 확인 후 입찰하기 바란다.

부동산은 첫째도
둘째도 셋째도 입지다.
그 이상도
그 이하도 없다.

바보야, 진짜는 시세야
감정가의 함정에 빠지지 말자
사고, 팔고, 투자하라
뭐라고 물어봐야 하나요?
내 마음 속 결정은?
진짜 고수는 신건 때 움직인다
아파트 시세조사 팁
빌라 시세조사 팁

4일차

시세조사

바보야, 진짜는 시세야

학원에서 매 수업을 시작할 때마다 교육생분께 이런 질문을 던진다.

"여러분은 경매 과정 중 어떤 것이 가장 중요하다고 생각하시나요?"

물건 검색, 권리분석, 시세조사, 임장 등 여러 가지 대답이 날아온다. 모든 것들이 중요하지만 내가 항상 강조하는 것은 시세를 파악하는 것이라고 말한다. 사실 경매를 처음 하는 많은 분들이 권리분석과 같은 기초 이론 교육에 집중한다. 그러나 이론은 경매에서 크게 중요성을 가지지 않는다.

결국은 부동산의 입지를 분석하여 좋은 물건인지를 알아내야 하는 것, 그리고 그 부동산의 가치, 즉 시세를 알아내는 것이 가장 중요하다. 아무리 좋은 물건이라도 시세보다 비싸게 사는 우를 범하면 안 되기 때문이다. 시세가 제대로 조사되지 않으면 자신의 결정이 흔들리고, 입찰가 산정에도 어려움을 겪을 뿐 아니라, 낙찰이 되더라도 불안함을 느끼게 된다.

우리가 경매에 참여하는 이유가 무엇인가? 당연히 시세보다 저렴하게 좋은 물건을 취득하기 위함이다. 그러려면 해당 부동산의 시세를 알아야 하는데 이를 위해 물건 검색, 권리분석, 임장 등이 존재한다. 결국 경매는 시세조사가 관건이다. 이 간단한 내용을 깨닫기까지 오랜 시간 돌아오는 사람들이 많다. 권리분석하는 방법부터 유치권, 법정지상권 등 특수물건 분석 방법까지 공부를 위한 경매를 하는 사람들이 대부분이다. 물론 알아두면 좋지만 특수물건이 나오는 물건의 개수도 한정적이고, 수익을 내는 과정이 결코 녹록지 않다. 부동산 경매에는 쉽게 돈을 벌 수 있는 물건들이 90%가 넘는다. 물건 검색하고 시세조사하고 입찰하고 매도하고. 간단하다. 복잡하게 생각할 것 없다.

이제부터는 시세조사의 중요성과 방법에 대해 알아보고자 한다. 앞으로 여러분들의 경매 참여 시간의 90%는 시세조사에 사용하고 쏟아야 한다는 것을 꼭 명심하길 바란다.

감정가의 함정에 빠지지 말자

　부동산 경매가 진행할 때, 법원에서는 물건의 가치에 대해 객관성을 가진 조사를 위해 감정평가사에게 부동산의 가치를 문의한다. 감정평가사는 해당 건물의 연식, 토지의 가치, 주변의 거래 사례 등을 비교하여 경매 물건의 가치를 평가한다. 부동산의 기본적인 가치도 모른 채 경매를 진행할 수는 없기 때문이다. 그렇다면 공신력 있는 자격증을 가진 감정평가사가 물건의 가치를 판단했으니 우리도 그 가치를 곧이곧대로 믿어도 될까?

우리 교육생 중 몇몇은 내게 전화를 걸어 묻곤 한다.

"선생님, 지금 2번이나 유찰되었는데 지금 들어가야 할까요?"

"선생님, 감정가가 이 정도인데 얼마를 써야 할까요?"

그때마다 교육생들께 되묻는다.

"감정가가 시세인가요? 시세조사는 해보셨어요?"

"아니요, 일단 떨어졌으니깐 들어가 보려고요."

결론부터 말하자면, 절대 그래서는 안 된다. 감정가는 절대 시세가 될 수 없다. 왜 감정가는 시세가 아니라고 이야기할까?

1. 감정평가는 경매 매각 기일을 기준으로 약 1년 전 시점에 평가된다. 그 말은 우리가 입찰하기까지 1년의 시간이 흘렀다는 것이다. 2022년 아파트 시장과 2023년 아파트 시장의 분위기를 기억하는가? 2022년에는 전국의 모든 국민이 아파트에 대출을 끌어안고 투자하는 영끌족의 해였다. 그런데 2023년 1월이 되자마자 아파트 시장은 거짓말처럼 하락하기 시작했고 거래도 꽁꽁 얼어붙어 버렸다. 단 1년 사이에도 부동산의 시세가 롤러코스터처럼 요동을 쳤던 것이다.

이처럼 부동산 상승이나 하락이 큰 시기에서는 시세와 감정평가금액의 차이가 더 명확하게 드러난다. 그래서 1년 전에 감정평가된 감정가를 그대로 믿고 입찰가를 써낸다는 것은 경매의 기본도 모르는 것이다. 기억하자. 감정가는 절대 시세가 아니다.

2. 부동산은 심리다. 17세기 네덜란드 튤립 투기 파동 사건을 들어본 적이 있는가? 당시 튤립의 새로운 종이 들어오게 되면서 튤립의 가격이 기하급수적으로 오르며 거품이 낀 사례이다. 튤립 하나에 집 한 채가 오가는 거래가 이뤄지기도 했다. 부동산도 마찬가지다. 똑같은 아파트라고 하더라도 부동산 상승기냐 하락기냐에 따라 그 가치를 매기는 사람의 심리는 계속해서 바뀌게 된다.

그러나 감정평가사는 그러한 심리는 전혀 반영하지 않는다. 지금이 상승기인지 하락기인지를 따지지 않으며 미래의 가치를 내다보지도 않는다. 오로지 현재의 가치만 평가한다. 우리는 부동산을 매수할 때, 미래에 가치가 오를 것을 반영해 미리 프리미엄을 주고 매수하기도 한다. 재개발, 재건축 물건이 부동산 경매에 나오면 어떻게 되는지 아는가? 미래의 가치를 더해 감정가를 웃돌게 낙찰되는 사례는 너무나도 흔하다. 부동산은 심리의 문제다. 따라서 감정평가만을 보고 단편적으로 물건의 시세를 판단해서는 안 된다.

사고, 팔고, 투자하라

물건의 시세를 파악하기 위한 방법은 여러 가지다. 특히 인터넷 정보가 다양하게 발달된 상황에서 어지간한 물건들의 가격은 인터넷 조사만으로도 얼추 알아낼 수 있다. 그러나 가장 정확한 방법은 그 동네의 물건을 직접적으로 중개하는 중개사무소에 문의해보는 것이다.

부동산 초보 시절이 생각난다. 부동산의 문을 열고 들어가는 것도 떨리고, 들어가면 무엇을 물어봐야 하는지도 모르겠고, 경매인인 것을 들키면 또 어떡하나 하는 별별 생각이 다 들었다. 지금은 아무런 거리낌 없이 부동산에 들어가고 여러 가지 정보를 묻는게 익숙하지만 처음 도전하는 사람이라면 분명 떨릴 것이라고 생각한다. 특히 부동산 경매를 처음하는 사람들은 다음과 같은 생각을 한다.

'부동산에 들어가서 경매를 조사하러 나왔다고 솔직하게 말하는 것이 좋을까? 아니면 말하지 않고 물어보는 게 좋을까?'

나조차도 그런 생각을 했었다. 과연 어떻게 물어보는 것이 더 효과적일까? 정답을 말하자면 경매 물건을 조사한다고 밝히는 것은 좋지 않다. 역지사지의 입장에서 생각해보자. 부동산 공인중개사는 중개를 통해 수수료를 받아야만 돈을 벌게 된다. 그런데 경매 물건에 대해 물어보는 손님에게는 아무것도 받을 수 있는 게 없다. 그저 동네의 정보와 물건의 정보만 쏙 빼앗아가는 얌체 손님으로 느껴지게 되는 것이다. 게다가 한두 명이 전화 오는 것도 아니고 적게는 5명, 많게는 수십 명이 왔다가며 동네 부동산을 흔들어놓는다. 이렇게 지쳐 있는 부동산에 또 경매 물건을 조사한다고 이야기하는 것이 좋을까?

그래서 제대로 된 시세를 파악하려면 어느 정도 연기의 혼을 실어야 한다. 실제 수요자인 것처럼 다가서야 제대로 된 정보를 얻을 수가 있다. 물론 거짓말을 해야 한다는 점, 부동산 사장님께 실례를 해야 한다는 점들이 우리의 마음을 소극적으로 만든다는 것도 알고 있다. 그러나 우리가 기대고 정보를 얻을 수 있는 사람은 오로지 부동산 사장님밖에 없다. 나중에 낙찰을 받게 되면 그분께 양해를 구하고 물건을 실제로 중개하도록 도와드리면 된다. 그렇다면 어떻게 전화를 해야 할까? 바로 사는 사람, 파는 사람. 이 두 관점에서 각기 달리 조사를 해야 한다. 왜냐하면 이 두 가지 관점에 따라 부동산 사장님이 건네는 정보가 달라지기 때문이다.

1. 부동산을 사는 사람의 관점부터 살펴보자. 부동산을 매수하는 입장에서 문의를 하면 어떤 정보가 들어올까? 부동산 사장님은 해당 부동산의 가치를 조금 높여서 이야기한다. 왜 그럴까? 바로 사는 사람은 이 부동산을 실제 매수하고자 할 때 조금이라도 깎으려고 하기 때문이다. 특히나 요즘 같은 매수자 우위 시장일수록 1000만 원에서 2000만 원 정도 깎는 것은 쉽게 되기 때문이다. 그래서 애초에 실제 가격보다 깎을 금액만큼 올려서 말한다. 예를 들어, 동네의 시세가 3억이라면 "3억 초반 정도까지는 생각하셔야 해요~"라고 이야기를 한다. 우리는 부동산 사장님이 말한 시세에서 거꾸로 1000~2000만 원을 깎은 게 우리 시세랑 근접하다고 생각하면 된다. 이렇게 사는 사람

의 관점에서 물어봤을 때의 가격을 메모해둔다.

2. 파는 사람의 관점에서 이야기를 하는 것은 조금 더 어렵다. 경매 물건을 판다는 것이 쉽지가 않기 때문이다. 이럴 때 팁은 우리 경매 물건이 701호라고 한다면 801호를 판다고 이야기 하는 것이다. 경매 나온 집을 직접적으로 이야기하면 부동산 사장님들은 대부분 그 내용을 아시기 때문에 간접적으로 다른 호수를 말하면 된다. "우리 부동산을 팔려고 하는데 얼마에 팔 수 있을까요?"라고 물으면 대부분의 사장님들은 지금은 거래가 잘 되지 않는다, 급매들 위주로 거래가 된다 등의 이야기를 하며 물건을 최대한 싸게 내놓도록 유도를 한다. 그래야만 매수자가 붙어 거래가 성사되기 때문이다. 그래서 동네의 시세가 3억이라면 2억 8천에서 2억 9천 정도는 되어야 거래가 된다고 이야기를 한다.

이렇게 우리 물건의 시세를 정확히 파악하기 위해 사는 사람, 파는 사람의 관점을 달리하여 면밀하게 검토를 해봐야 한다. 이 두 가지 관점을 통해 파악된 시세를 잘 조합하여 우리 물건의 가치를 평가내리면 된다. 생각보다 쉽지 않은 일이니 충분히 이미지 트레이닝 등을 통해 연습해보자. 가족이 있다면 한 사람이 부동산 사장님의 역할을 맡아 번갈아 가며 연습해보는 것도 하나의 팁이다.

4일차
뭐라고 물어봐야 하나요?

　부동산에 전화하는 것은 생각보다 쉬운 일은 아니다. 실제 수요자의 입장에서 물어봐야 하니 거짓말을 하는 상황이라고 느껴서 겁이 나기도 할 것이다. 그러나 그러한 노력도 없이 단순히 경매로 돈을 많이 벌 수 있겠다는 생각만으로는 경매의 높은 벽에 부딪히고 실망을 할 수밖에 없다. 우리가 시세보다 싸게 사는 것은 맞지만 그만큼 우리의 노력이 들어가야 하는 것이다.

교육생들이 가장 힘들어하는 것이 도대체 무엇을 어떻게 물어봐야 하는지를 모른다는 것이다. 사실 답은 간단하다. 내가 찾고자 하는 물건의 시세가 얼만지 알아내야 하는 실수요자라면 무엇을 물어볼지를 고민해보자. 방 개수, 화장실 개수, 연식, 수리 유무, 가격들이 가장 궁금한 내용일 것이다. 그것을 그대로 물어보면 된다.

또한 부동산 사장님들이 우리에게 물어보는 레퍼토리가 있는데 이를 미리 생각하고 있으면 도움이 된다. "가지고 있는 예산은 얼마인가요?", "언제 이사 예정이세요?", "생각하는 가격대는 얼마인가요?" 등이다. 이에 대해서는 미리 자신만의 시나리오를 만들어놓고 유연하게 대처하면 된다. 이에 전화 시나리오를 간단히 공개하니 참고하여 자신만의 스토리를 만들어 물어보면 된다.

나 : 안녕하세요. 빌라 전세를 좀 알아보고 있어서 연락드렸어요~.

(매매가 아니라 전세를 구한다고 하는 이유는 매매가와 전세가를 동시에 파악하기 위한 전략이다. 추후 매매가 질문할 예정이다.)

사장님 : 네~ 얼마까지 생각하고 계세요?
(거의 대부분 예산을 물어본다. 감정가에서 대략 5000~6000만 원을 뺀 가격이 전세 시세라고 보면 된다.)

나 : 네, 대략 2억 정도면 좋겠어요! 그리고 제가 살고 있는 집이 방이 3개라 똑같이 방도 3개였으면 좋겠어요.
(만약 화장실이 2개라면 조건을 추가하여 요구한다.)

사장님 : 방 3개에 2억짜리 집이면 깨끗하게 수리된 집이 있어요.
(물론 평수와 연식, 엘리베이터 유무 등에 따라 다 다르니 구체적으로 질문한다.)

나 : 혹시 평수는 어떻게 되나요? 저희 집이 지금 전용 평수로 13평 정도인데요.
(빌라의 경우 전용 평수라고 꼭 이야기해야 한다.)

사장님 : 네, 전용평수로 12평 정도 됩니다.

나 : 아, 그럼 혹시 2억보다 더 저렴하게 나온 집은 있나요?
(일부러 가격을 낮춰서 물어본다. 왜냐하면 더 저렴한데 좋은 물건이 있다면 우리 물건의 경쟁상대이기 때문이다.)

사장님 : 이 동네는 2억 밑으로는 전세 없습니다~.

나 : 아, 그렇군요. 그런데 저희가 가격만 맞다면 매매할 생각도 있는데요. 같은 조건이라면 얼마 정도 할까요?
(전세 시세를 대략 알아냈으니 매매시세를 알아볼 차례다.)

사장님 : 대략 2억 5천 정도는 생각하셔야 됩니다.

나 : 아, 네. 그리고 개발 소식도 궁금한데요. 해당 지역이 동의서를 걷고 있을까요?

사장님 : 네, 이야기는 나오고 있고 절반 정도 걷혔습니다.
(부동산 사장님은 거래를 성사시키기 위해 일부러 좋게 이야기할 수도 있으니 여러 군데 확인해봐야 한다.)

나 : 네, 그러면 시간될 때 방문해서 비슷한 집들 좀 보고 싶은데요. 남편과 상의해서 날짜를 잡은 후 다시 연락드릴게요.
(전화조사를 통해 대략적인 시세가 파악이 된다면 실제 방문 날짜를 잡아도 좋다.)

　부동산에 전화를 하여 시세를 간단히 파악해본다면 그 동네의 시세를 어느 정도 알게 된다. 이렇게 전화를 통해 시세조사를 해보면 우리 경매 물건의 가격에 얼마만큼 확신을 가질 수 있을까? 보통은 전화조사를 많이 해볼수록 더 강한 확신을 가지게 되는데 충분한 조사를 했다면 90% 정도의 확신을 가지게 된다.

　그러나 경매는 100%의 확신을 가지고 입찰을 해야만 한다.

권리분석도 완벽해야 하고, 우리 물건의 시세도 완벽하게 정리가 되어야만 한다. 그렇지 않고 입찰을 하게 되면 낙찰이 되더라도 패닉에 빠지게 된다. 한 번 낙찰받은 부동산은 다시 되돌리기가 불가능에 가깝기 때문이다. 그만큼 물건에 대한 정확한 확신이 중요하다.

그렇다면 90% 정도 파악된 시세를 어떻게 100% 확신으로 만들 수 있을까? 그 나머지 10%의 확신은 임장을 통해 결정이 된다. 눈치가 빠른 분들은 경매 조사의 순서가 그려질 것이다. 경매에 입찰하기 전 반드시 해야 하는 일이 있다. 물건검색, 시세조사, 권리분석, 임장 등이 있는데, 많은 사람이 그 프로세스의 이해가 부족해 순서를 뒤죽박죽으로 하여 입찰을 한다. 예를 들면, 물건검색을 통해 좋은 물건을 발견하면 임장부터 가는 분들이 있다. 물론 틀린 방법은 아니다.

그러나 임장을 한 번이라도 가본 사람은 임장 과정이 얼마나 체력과 시간이 많이 소모되는지 알 것이다. 임장을 가기 위해 시간을 따로 내고, 이동 시간, 부동산 방문, 물건 방문 등을 합하면 족히 3시간에서 반나절은 소요된다. 다행히 그 물건이 임장을 통해 좋은 물건이라는 확신이 선다면 다행이지만, 별로 좋은 물건이 아니라고 한다면 우리의 소중한 시간과 체력은 누가 보상해줄까? 그렇기에 경매 물건 조사는 효율적이고 효과적인 순서와 방법대로 하는 것이 중요하다. 이 책은 이 순서대로 쓰여지고 있다.

지금까지의 과정을 정리하면 다음과 같다.

1. 물건검색 훈련을 통해 좋은 물건을 찾는다.
2. 물건 소재지의 부동산에 전화해 간단히 시세를 파악해본다.
3. 100% 확신을 가지기 위해 임장을 한다.
4. 입찰 및 낙찰

이 책을 읽는 여러분은 부디 1~4번까지의 과정을 그대로 실행하여 여러분의 소중한 시간과 비용을 절약하길 바란다.

진짜 고수는 신건 때 움직인다

경매 고수와 초보의 차이는 어디에서 갈릴까? 낙찰 횟수? 권리분석 실력? 모두 아니다. 같은 내용의 반복이지만 시세조사 능력에서 갈린다. 고수들의 시세조사는 초보의 조사와 어떤 점이 다를까? 이것만 알면 여러분도 남들보다 더 쉽고 빠르게 경매 수익을 낼 수 있다. 고수들의 시세조사는 바로 남들보다 더 빨리 조사에 들어간다는 것이다.

기본적으로 모든 경매 물건은 신건(유찰이 한 번도 되지 않은 것)부터 시작하는데, 전국에 공개되고 입찰 기일까지 단 14일간 노출이 된다. 그런데 경매 초보는 물건검색을 할 때도 1회 이상 유찰된 가격만 검색한다. 그러나 진짜 돈이 되는 물건들은 신건에서 모두 낙찰이 되고 걸러진 뒤 다음으로 좋은 물건들이 초보에게 노출된다.

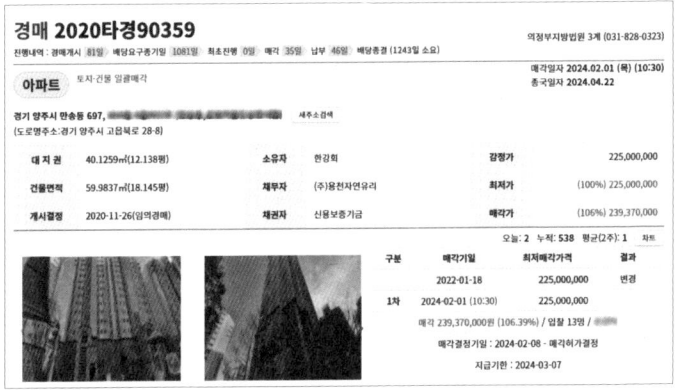

위 물건은 우리 온라인반 교육생이 신건에 들어가서 낙찰을 받은 것이다. 신건임에도 불구하고 13명이나 입찰했다. 당당히 1등을 한 우리 교육생은 명도를 완료하고 부동산에 내놓은 지 단 3일 만에 매도를 완료했다.

신건에 낙찰이 된다니 말도 안 된다고 생각하는가? 감정가는 절대 시세가 아니라는 점을 우리는 이미 알고 있다. 진짜 고수는 이를 이용해 신건임에도 감정가보다 시세가 높고 가치가 있는 부동산을 먼저 입찰해 모두 가져가버린다. 이렇게 신건일 때 들어가면 어떤 점들이 좋을까?

첫 번째로는 남들과의 경쟁 없이 편하게 물건을 가져올 수 있다. 1회 이상 유찰된 물건에 아무 이상이 없다면 아파트의 경우 평균 20명 정도가 입찰에 응한다. 과연 20명이나 되는 사람들 중 내가 1등을 할 확률이 높을까? 결코 쉽지 않은 일이다. 그럼에도 불구하고 초보들은 경매 물건은 당연히 1번 이상 유찰되어야 한다는 고정관념에 사로잡혀 있다. 그렇기 때문에 신건일 때 과감히 들어오는 사람이 별로 없는 것이다. 한 번 이상 유찰된 후 들어가면 경쟁도 세고, 낙찰가도 높게 써야만 한다. 따라서 신건일 때 입찰을 하면 단독으로 낙찰을 받을 만큼 경쟁이 줄어드는 경험을 할 수 있다. 단독 낙찰이라니 혹시 잘못 받은 것은 아닐까 하는 걱정이 들 수도 있다. 그러나 진짜 고수들은 단독 낙찰로 받는 행위를 자랑스럽게 여긴다. 남들이 보지 못하는 물건을 나만 바라보고 가져왔다는 성취감이 생기기 때문이다. 그러니 여러분도 물건검색을 할 때는 신건임에도 시세보다 낮게 감정된 물건을 노려보도록 노력해보자.

두 번째로 신건일 때 하는 시세조사가 훨씬 쉽다. 신건일 때는 남들이 크게 관심을 가지지 않는다. 거의 90% 이상의 사람들이 한두 번 유찰이 되어야 물건에 관심을 가지고 시세조사를 시작한다. 그러나 고수들은 신건일 때 미리 조사하는게 훨씬 쉽다는 것을 알고 있다.

신건일 때 조사하면 물건이 여기저기 공개되지 않았기 때문에 부동산 사장님도 경매로 진행 중이라는 것을 알지 못한다. 그렇기에 물건에 대해 자세히 물어봐도 큰 의심없이 여러 가지 정보들을 알려주신다. 이렇게 고급 정보를 미리 취득하고 도전하는 사람과 그렇지 않은 사람들과의 경쟁은 될 리가 없다. 만약 2회 이상 유찰된 물건을 조사할 때는 최소 수십 명의 사람들이 훑고 지나갔다는 것을 알고 있어야 한다. 당연히 부동산 사장님은 지칠 대로 지쳤고, 쉽게 정보를 주려고 하지 않는다. 시세조사가 더 어렵고 추상적으로 될 수 밖에 없다.

마지막으로 마음에 여유가 생긴다. 신건일 때 조사하는 고수들은 설령 물건의 시세가 감정가보다 낮다고 하더라도 마음이 조급하지 않다. 이미 물건의 고급 정보를 가지고 시세마저 완벽히 파악했기 때문에 1회 이상 유찰되고서도 기다렸다가 여유롭게 입찰을 할 수 있다.

이렇게 신건일 때 미리 움직이는 습관을 가지는 것이 얼마나 중요한지는 경매의 경험이 꽤 쌓여야만 깨달을 수 있는 부분이다. 그러나 여러분은 이 책을 통해 미리 그 시간을 간접적으로 경험하고 구매하게 된 것이다. 남들과는 다른 실력, 수익을 내고 싶다면 신건 물건을 면밀하게 살펴보라. 특히 매일 올라오는 신건들을 꾸준히 찾아보고 조사하는 습관을 들인다면 여러분들은 어느새 고수의 반열에 오르게 된 자신의 모습을 발견할 수 있을 것이다.

아파트 시세 조사 팁

 아파트는 다른 부동산에 비해 시세조사가 아주 쉽다. 우선 정보가 많고 투명하게 가격이 공개되어 있기 때문이다. 가장 많이 사용하는 네이버 부동산을 통해 시세를 간단히 파악하는 방법에 대해 소개하고자 한다.

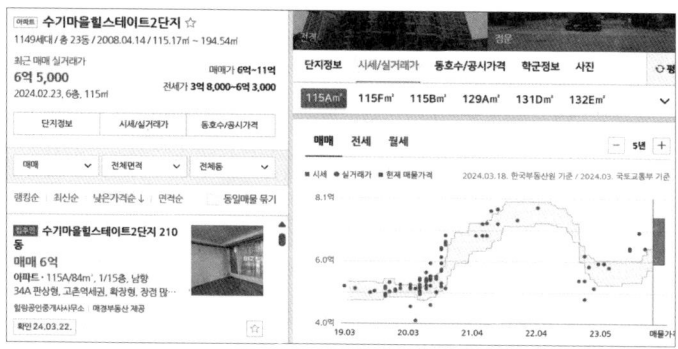

위 사진을 살펴보면 수기마을힐스테이트 아파트의 가격 정보와 실거래내역 등을 확인할 수 있다. 좌측은 현재 부동산에 내놓은 아파트의 가격과 정보들이 낮은 가격순으로 정렬이 되어있다. 보통 경매 물건을 조사할 때는 가장 저렴한 가격보다도 싸게 사야 하기 때문에 낮은 가격순으로 물건을 정리하는 게 보기도 편리하다. 현재 1층 아파트가 6억에 매매가 나와 있으며 정보를 보면 판상형 구조이며 베란다 확장이 되었다는 사실을 알 수 있다. 여기서 우리 물건의 구조를 파악하여 동일한지 알아봐야 하고, 베란다 확장 여부에 따라 매물의 호가가 달라지는지도 확인해보면 좋다.

우측 화면에는 과거 실거래된 내역이 표기가 되는데, 115A 타입의 실거래 내역을 확인할 수 있다. 점이 찍힌 것은 실거래된 양과 금액을 그래프로 표시한 것이다.

4일차 시세조사 **159**

매매 실거래가	2024.03. 국토교통부 기준
계약월	매매가
2024.02.	**6억 5,000(23일,6층)**
2024.01.	7억(4일,2층)
2023.11.	6억 4,500(11일,2층) 6억 5,000(4일,8층)
2023.08.	~~5억 7,000(23일,5층)~~ 계약취소
2023.07.	5억 8,700(1일,9층)
2023.06.	6억(19일,5층) 6억(15일,8층)
2023.05.	6억(2일,13층)
2023.04.	5억 2,000(1일,1층)

 창을 내려보면 각 시기별로 얼마에 실제 거래가 이뤄졌는지도 확인할 수 있으니 이를 바탕으로 아파트 시세를 조사해보면 대략적인 가격을 유추할 수 있다. 따라서 아파트 경매를 할 때는 네이버 부동산의 여러 기능들을 눌러보며 자유자재로 활용할 수 있는 연습을 해두는 것이 좋다.

 아파트 시세조사가 아무리 쉽다 해도, 결국 거래를 진행하는 부동산의 현장 정보는 따라갈 수 없다. 아파트도 부동산에 직접 전화를 걸거나 방문을 하여 알아봐야 한다. 아파트를 조사할 때는 층수, 동, 향, 뷰, 수리 유무에 따라 가격이 천차만별로 벌어지게 되므로 꼭 우리 경매 물건에 맞는 조건으로 시세를 조사해야 한다. 아파트 경매는 초보자들이 가장 많이 몰리는데 대부분의 초보들은 그저 제일 낮은 가격만 조사하고 입찰하는 경우가 많다. 우리는 초보의 딱지를 떼고 남들과는 더 면밀하게 조사하는 습관을 들이자.

마지막으로 아파트는 반드시 미납관리비를 체크해야 한다. 빌라와 달리 아파트는 공용 관리비를 따로 걷기 때문에 그 액수가 몇백만 원을 넘어가는 경우도 흔하다. 이것을 조사하지 않고 입찰할 경우, 보증금을 미납할 만큼 큰 액수를 만날 수도 있으므로 반드시 체크해야 한다.

그럼 아파트 미납 관리비는 낙찰자가 모두 인수해야 할까? 그렇지 않다. 아파트 관리비는 크게 공용 관리비와 전용 관리비로 나뉘는데 낙찰자는 낙찰일로부터 과거 3년치의 공용 관리비만 인수하면 된다는 법원의 판례가 있다.

[아파트 특별승계인(경락인)은 전 입주자의 미납 관리비 중 공용부분을 승계해야 한다. A아파트의 새 소유자는 입대의에게 미납 관리비를 납부하라. (대전지방법원 천안지원 2023. 8. 8. 선고 2020가단114838 판결)]

빌라 시세 조사 팁

아파트와 달리 빌라의 시세조사는 더 까다롭다. 그렇다 보니 아파트에 비해 입찰 경쟁도 약하고 아무래도 시세보다 더 저렴하게 받는 사례가 많다. 그러면 빌라는 어떻게 조사를 해봐야 할까? 가장 확실하고 정확한 것은 직접 전화를 해서 확인하고 임장을 가보는 것이다. 그러나 직접 가지 않아도 대략적인 금액을 확인할 수 있는데, 이 역시 네이버 부동산을 활용해서 알 수 있다.

위 사진은 네이버 부동산에서 제공하는 서비스 화면이다. 아파트, 빌라, 원룸, 상가 등 부동산의 종류를 선택할 수 있으며 빌라 중에서도 매매, 방 3개, 15년 이내의 물건만 필터링을 통해 추려서 확인해 볼 수도 있다. 지도 위의 숫자가 쓰인 동그라미를 클릭하면 그 근처의 매물들의 정보가 좌측에 표시된다. 그 조건과 우리 경매 물건의 조건을 비교하면서 시세를 간단히 파악해보면 도움이 된다.

이렇게 경매 물건의 조건에 맞춰서 선택하여 더 빠르고 효율적으로 확인할 수 있도록 돕는 기능이 많으니 연습을 많이 해두면 좋다. 물론 네이버 부동산에 올라온 모든 매물을 그대로 믿어서도 안 된다. 간혹 허위 매물을 올려놓고 손님을 끌어당기려는 부동산도 있는데 대부분 해당 지역 부동산이 아닌 먼 곳의 부동산일 때가 많다. 그때는 아무리 싸더라도 의심을 해봐야 한다.

앞서 말했지만 빌라는 개별성이 강한 부동산이다. 같은 연식에 같은 방 개수를 가지고 있다고 해도 가격도 다르며, 구조도 다르다. 결국 경매 물건의 조건을 필히 체크하고 현장에 방문하여 우리 물건의 상태를 꼼꼼히 체크해야 한다. 그리고 다른 물건과의 비교를 통해 우리 물건의 시세를 결정하면 된다.

결국 경매는
시세조사가
관건이다.

입찰 전, 마지막 단계
탐정이 되어라!
부동산 방문
시세는 내가 결정한다!
임장이 끝나도 집으로 돌아오지 마라
입찰가 산정의 비밀

5일차

신발 닳는 만큼 돈을 번다, 임장의 세계

입찰 전, 마지막 단계

이제 입찰하기 전 마지막 단계까지 왔다. 생각보다 경매에 한 번 입찰하기까지 많은 과정을 거쳐야 한다는 점에 놀랐는가? 세상에 공짜는 없다. 시세보다 싸게 사기 위해서는 당연히 꼼꼼한 조사를 해야 하고 이 모든 행위가 돈을 벌고 있는 것이라고 생각하면 즐겁고 신이 날 것이다. 시세조사까지 끝냈다면 무엇을 해야 할까? 바로 입찰에 들어가도 될까? 그렇지는 않다. 직접 입찰에 들어갈 물건을 보고 여러 가지 컨디션을 체크해야 하는 임장의 단계가 남았다.

우리 교육생들에게도 경매 입찰 전 여러 단계의 순서에 대해 알려드린다. 물건검색 - 시세조사 - 임장 - 입찰. 이 순서가 가장 효율적이고 효과가 좋은 순서인데, 간혹 시세조사를 미리 하지 않고 임장부터 가는 분들이 계신다. 틀린 건 아니지만 효율이 떨어진다. 임장활동을 하면 출발 준비부터 부동산 방문, 물건 탐색, 집으로 오는 시간 등을 계산하면 족히 3~4시간은 걸리기 마련이다. 그렇게 상당한 노력을 투자하여 물건지에 도착했는데 생각보다 물건이 좋지 않다면 우리의 소중한 하루가 다 날아가는 것이다. 그렇기에 전화를 통해 시세를 먼저 파악해서 동네의 분위기를 미리 알고 가는 것이 좋다.

다시 돌아와서, 부동산에서 임장은 정말 중요하다. 주식이나 채권, 코인 등의 투자 상품은 눈에 보이는 실체가 없다. 물론 회사가 있고 재무제표 등을 확인할 수는 있지만 반드시 현장을 가봐야 하는 것은 아니다. 그러나 부동산은 건물의 컨디션, 위치, 주변의 입지 등을 반드시 살펴봐야만 한다. 결국 부동산은 사람이 직접 거주하고 사용하는 공간이기 때문이다. '나라도 그 가격에 물건을 살 것인가?' 아주 간단한 질문인데 정말 중요하다. 그래서 임장은 입찰하기 전 반드시 거쳐야 할 마지막 관문이다.

그럼 도대체 임장을 가면 무엇을 해야 할까?

1. 현장 조사 준비물

현장을 방문할 때는 경매정보지의 내용을 인쇄하여 가지고 가는 것이 좋다. 경매정보지에 있는 현황조사관의 내용과 현장의 상황이 일치하는지 체크하고, 다시 한번 물건의 상태를 파악해보기 위함이다. 만약 일치하지 않는다면 입찰을 다시 고려해야 할 수 있다.

나침반 어플도 필수품이다. 경매정보지상에는 정확히 드러나지 않은 우리 물건의 향을 확인하기 위해서다. 우리나라는 사계절이 있기에 남향을 가장 선호한다. 우리 물건이 어느 방향을 보고 있고, 바라보는 뷰는 어떤지 나침반을 통해 확인해보자.

앞에서 말한 네이버 지도의 메모 기능은 임장에서도 활용할 수 있다. 네이버 지도 어플을 통해 위치를 확인할 수 있고, 그 위치에 맞는 부동산의 여러 내용들을 돌아다니면서 즉각적으로 확인할 수 있다. 추후 집에 돌아가 살펴보면 위치에 따른 정보들을 한눈에 파악할 수 있어 굉장히 유용하다.

2. 입지 체크하기

경매 물건을 보는 것도 중요하지만 주변의 분위기와 상황을 파악해보는 것도 중요하다. 우선 지하철역이나 버스정류장에 내려서 물건지로 이동하는 상황을 꼭 체크해야 한다. 걸어서 물건지까지 몇 분이 걸리는지 직접 시간을 체크해보자. 너무 먼 곳이라면 분명 다른 사람들도 선호하지 않을 확률이 높다.

아울러 물건이 속한 동네를 한 바퀴 돌아봐야 한다. 그러면서 우리 물건이 이 동네에서 상, 중, 하 가운데 어느 컨디션에 위치해 있는지를 확인해야 한다. 그렇게 동네 분위기를 파악해놓으면 우리 경매 물건이 몇 등으로 좋은지를 알 수 있고, 추후 낙찰을 받고 매도시에도 적정 가격을 가늠하는 데 도움이 된다.

다음은 물건 주변을 돌아보며 확인하면 좋을 내용들이다.

☐ 주변에 비선호 시설이 있는가?(유흥가, 소각장 등)
☐ 지하철역이나 버스 정류장까지 걸어서 몇 분이 걸리나?
☐ 주변에 마트, 백화점, 편의시설이 존재하는가?
☐ 주변에 초등학교, 중학교, 학원 등이 많이 있는가?
☐ 우리 동네에서 경매물건은 어느 정도 컨디션인가?

3. 경매 물건 살펴보기

실제 경매 물건을 살펴보는 것은 대단히 중요하다. 경매정보지에 물건의 사진이 있지만, 실제 모습과 다른 경우가 상당히 많기 때문이다.

교육 시간 중 실제 임장 수업을 위해 교육생들과 함께 물건지(서울 광진구)에 도착했다. 분명 경매 정보지상에는 깔끔하고 정돈된 모습이었는데, 막상 도착해서 살펴보니 가관이 따로 없었다. 문 앞에는 소주병이 수북하게 쌓여 있었고, 건어물 냄새가 심하게 풍겨왔다.

다른 집에 방문하여 여쭤보니 해당 집의 소유주가 건어물 장사를 하는데 냄새로 민원이 여러 번 들어왔고, 매일 술을 마셔 밤마다 큰소리가 난다는 것이었다. 심지어 집을 살펴보기 위해 돌아보니 창문들이 양 옆의 빌라에 가려서 뷰라는 게 전혀 나올 수가 없는 집이었다. 교육생들은 이 모습과 상황 때문에 실망을 한 채 돌아갔다. 해당 집은 굉장히 저렴한 가격에 낙찰이 되었다. 그만큼 임장을 통해 직접 물건을 보는 것은 중요하다.

그렇다면 물건을 볼 때 무엇을 어떻게 봐야 하는 것일까? 가장 먼저 점유자가 거주하는지 아닌지를 확인해봐야 한다. 이를 확인하는 방법은 여러 가지가 있다. 해당 호수의 우편함을 살펴보고 우편물이 수북히 쌓여있다면 거주하지 않을 확률이 높다고 보면 된다. 또는 가스 계량기가 잘 돌아가는지 확인할 수도 있고, 이웃집에 직접 물어보는 탐문조사를 해봐도 좋다. 가장 확실한 방법은 밤 시간대에 방문하여 해당 호수의 불이 켜져 있는지를 체크해보면 된다. 이렇게 확인하는 이유는 낙찰 이후 과정에서 명도를 어떻게 풀어나가야 할지를 가늠해보기 위함이다.

건물의 상태도 파악해봐야 한다. 복도나 건물에 균열, 누수의 흔적이 있는지 체크한다. 만약 꼭대기 층이라면 옥상에 올라가서 누수 문제가 있는지 반드시 확인해야 한다. 실제 우리 교육생 중 한 분이 임장 활동을 제대로 하지 않고 용인의 꼭대기 층을 낙찰받았다. 잔금을 치르고 내부를 확인하니, 세상에 꼭대기가 내려앉아 물이 똑똑 떨어지고 있는게 아닌가. 그래서 천장을 다시 새롭게 수리하는 비용이 더 들어가 수익률이 떨어지는 경우도 있었다.

또한 경매 물건의 창문을 유심히 살펴볼 필요가 있다. 만약 섀시가 수리되어 있다면 내부도 어느 정도 수리가 되어있을 확률이 높다. 일반적으로 집을 수리할 때, 내부를 수리하고 섀시는 그대로 쓰는 경우는 있지만, 섀시를 하고 내부를 안 하는 경우는 잘 없기 때문이다.

이외에 추가로 봐야 하는 체크리스트를 안내한다.

- □ 엘리베이터는 있는가?
- □ 주차는 충분히 할 수 있는가?
- □ 미납관리비가 있다면 얼마나 있을까?
- □ 건물까지의 경사나 방향, 뷰는 어떤가?
- □ 현관문이나 초인종 벨이 교체되었는가?
- □ 빌라인 경우 관리비를 걷고 있는가?

탐정이 되어라!

임장 활동에서는 탐정처럼 활동해야 한다. 입찰하기 전 마지막으로 확인하는 최종 단계이며, 얻을 수 있는 정보는 최대한 구해야 한다.

예전 송파구의 한 빌라에 임장 갔을 때 이야기다. 점심을 먹고 인천에서 송파까지 지하철을 타고 이동해서 도착하니 오후 2시가 되었다. 우리 물건의 상태를 파악하고 주위를 돌아보며 임장을 진행했다. 그 물건의 포인트는 임차권이 설정되었기 때문에 사람이 사는지 안 사는지 알아내는 것이 중요한 관건이었다. 우선 우편함을 살펴보고, 가스 계량기를 살펴봤는데 쉽게 알아내기가 어려웠다. 해당 빌라의 전 층을 돌아다니며 혹시 그 집에 사람이 사는지 안 사는지 물어보았지만 아는 사람이 없었다.

그 자리에서 떠오른 건, 방금 말했던 저녁 시간에 불이 켜지는지를 확인해보는 것이었다. 저녁이 될 때까지 부동산을 돌아다니며 열심히 시세를 조사하고 지켜보았다. 그리고 밤 8시가 되었을 때, 누군가가 빌라로 들어가더니 거실 쪽 불이 켜지는 것이었다. 임차권 등기가 되어 있었지만 다른 사람이 사는 것을 확인하게 된 것이다. 아쉽게도 패찰했지만, 얻은 것은 많았다. 스스로 임장을 통해 단서를 알아냈다는 짜릿함, 앞으로 할 임장에서의 자신감들이 모여 지금의 나를 만들게 된 것이다.

여러분도 임장을 갔다면 단순히 건물을 보고 오는 것이 아니라 직접 탐문조사를 해보길 바란다. 다른 호수에 벨을 눌러 궁금한 질문을 해보는 것이다. 빌라라면 이 빌라를 관리하는 대표 호수는 어디인지, 밀린 관리비는 얼마인지, 사람이 사는지 등을 물어보면 된다.

아파트는 어떨까? 아파트의 임장 방법도 다르지 않다. 오히려 아파트는 조사가 쉽다 보니 임장을 중요하게 생각하지 않는 사람들도 많다. 그러나 이는 큰 오산이다. 우리 교육생 A는 수

업 시간에 배운 대로 임장을 통해 공짜로 3000만 원의 추가 수익을 얻게 되었다. 아파트 임장을 꼼꼼히 하기 위해 아랫집에 방문하여 고급 정보를 얻어낸 것이다. 바로 경매 나온 집이 3개월 전에 3000만 원을 들여 섀시부터 내부 수리까지 깔끔하게 했다는 것이다. 아랫집은 윗집의 수리 소음 때문에 이를 정확히 알고 있었던 것이다. 우리 교육생 A는 이를 통해 확신을 가지고 남들보다 경쟁력 있는 입찰가를 적어내어 당당히 낙찰을 받았다. 실제 명도 과정을 통해 내부 사진을 받았더니 아랫집의 말이 사실이었던 것이다. 결국 명도를 완료하고 시세보다 훨씬 비싼 가격에 매도를 완료하였다.

▲ 교육생 A의 수리된 집

▲ 교육생 A의 수리된 집

 임장 하나로 누구나 모르는 사람에게 물어보고 질문하는 것을 두려워한다. 그러나 그 감정을 딛고 일어섰을 때, 우리에겐 달콤한 결과가 나오게 되고 부의 길로 하나하나 걸어가는 자신의 모습을 보게 될 것이다.

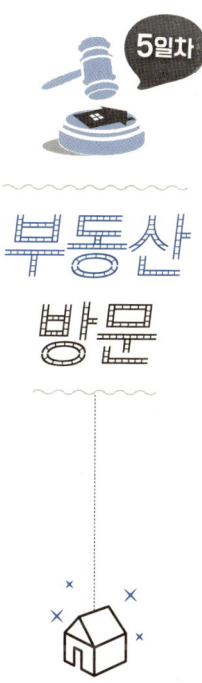

5일차
부동산 방문

임장의 필수코스는 부동산 방문이다. 부동산 투자를 처음 하는 사람들의 가장 큰 걱정이 바로 부동산 방문이기도 하다. 심지어는 부동산의 문을 열고 들어가는 것도 심장이 떨려 못하는 분들도 계신다. 그런데 나조차도 처음엔 그랬다. 문을 열고 들어가면 왠지 경매 조사하는 걸 들킬 것 같고, 퇴짜를 놓으면 어떡하지, 대충 이야기해주면 어떡하지…. 수많은 생각이 떠올랐다.

어떻게 처음부터 모든 것을 잘하겠는가. 시작이 반이라고,

부동산에 방문했을 때 어떻게 이야기하고 행동하면 좋을지 처음부터 알아보자.

우선 부동산에 들어가는 연습을 하는 게 좋다. 방법은 간단하다. 경매 물건 말고, 진짜 내가 살고 있는 동네의 아무 부동산에 들어가보는 것이다. 경매 물건을 조사한다는 부담도 내려놓고 그냥 내가 진짜 이사를 하기 위해 새로운 집을 알아본다고 물어보기만 하면 된다. 이게 정말 좋은 훈련법인 게, 경매 조사라는 마음의 부담이 없는 상태이기에 사장님을 대하는 스킬이 자연스럽게 만들어진다. 사장님이 해주시는 이야기도 들어보고, 궁금한 게 있으면 자연스럽게 물어보면 된다. 또 좋은 물건이 있으면 사장님을 따라 집도 구경해보는 것이다. 이렇게 3~4번을 반복해보면 부동산에 들어가는 것에 대한 떨림은 많이 해소가 된다.

어느 정도 자연스러워졌다는 느낌이 들면, 실제 경매 물건을 조사해보는 것이다. 대신 미리 나의 상황을 정해놓는 게 좋다. 무작정 들어가서 물어보면 정보의 질이 떨어지기 때문이다. 부동산 사장님도 손님이 명확한 목적을 가지고 물어봐야 더 좋은 물건을 소개해줄 수 있다.

1. 우리 경매 물건의 스펙 외우기

위 경매 물건의 스펙을 정리하면 102동, 중간층, 전용 25평형, 수리는 되지 않은 것, 감정가는 대략 4억. 이 내용을 중심으로 부동산에 들어가 물어보면 된다.

부동산 대화 예시

나 : 안녕하세요. 여기로 이사를 오려고 하는데요. 아파트 30평대(전용 25평)는 얼마나 하나요?
(처음부터 경매 물건의 조건을 모두 말하면 조사하는 느낌이 들기 때문에 하나하나 물어봐야 한다.)

사장님 : 네~ 얼마까지 생각하고 계세요?
(거의 대부분 예산을 물어본다. 감정가보다 조금 싸게 이야기하면 된다.)

나 : 3억대까지는 생각하는데요. 102동을 찾고 있어요. 거기에 저희 어머니가 살고 계셔서 제가 왔다갔다 해야 되거든요. 다른 동과 차이가 있을까요?
(가족이나 지인들이 살고 있어 같은 동을 찾는다고 말한다.)

사장님 : 102동이면 로얄동에 속해서 조금 더 비싸게 나와요. 4억까지는 생각하셔야 해요.
(102동에 대한 정보를 추가로 얻게 된다.)

나 : 그렇군요. 근데 저희가 수리를 직접 하고 들어가고 싶어서 수리가 전혀 안 된 것도 그렇게 비쌀까요?
(경매 물건은 기본적으로 수리가 안 된 가격을 알아내야 한다.)

사장님 : 전혀 수리가 안 된 것이라고 하면, 2층에 3억 6천으로 급매가 나왔어요.

나 : 저희가 중간층을 원하는데, 중간층 수리 안 된 것은 얼마까지 생각해야 하나요?
(매물이 없을 수 있으므로 어느 정도까지 생각해야 하는지 묻는다.)

사장님 : 중간층이면 그래도 3억 8천까지는 생각하셔야 해요.

나 : 그렇군요, 혹시 집 상태를 볼 수 있나요?
(집의 구조를 확인하는 것도 중요하다.)

사장님 : 네, 일단 한번 가서 보시죠!

대화의 포인트는 바로 우리 물건과 **가장 비슷한 것을 유도**하면서 시세를 알아내는 것이다. 아파트는 어렵지 않지만, 빌라의 경우 더 여러 가지 조건들이 있으니 이를 잘 정리하여 물어보면서 시세 파악을 진행하면 된다.

위의 내용처럼 자신만의 시나리오를 만들어보고 가족과 함께 연습을 해보는 등 충분히 이미지 트레이닝을 하면 부동산에 가서 시세를 물어보는 것도 어렵지는 않다.

5일차
시세는 내가 결정한다!

임장을 통해 물건의 상태도 파악하고 시세도 파악했다면 입찰의 모든 준비가 끝난 것이다. 물건검색부터 전화조사, 임장까지의 모든 과정은 결국 시세 파악을 위한 준비과정이라고 생각하면 된다. **경매는 첫째도 시세, 둘째도 시세, 셋째도 시세임을 명심하자.**

그래서 많은 교육생이 가장 어려워하는 것이 바로 시세 파악이다. 간혹 몇몇 분들이 입찰 상담을 요청할 때 시세를 대략적으로 이야기한다.

"선생님, 시세를 파악해보니 3억에서 3억 5천만 원 정도인 것 같아요."

"3억에서 3억 5천만 원이면 5천만 원이 왔다갔다 하는데, 정확한 금액이 얼마인가요?"

"글쎄요…."

"정확한 시세가 얼마인지 다시 한번 조사해보세요."

이처럼 대략적으로 시세를 알아보는 경우가 많은데, 알고 보면 이 정도는 초등학생도 할 수 있는 조사다.

그러면 정확한 시세라는 것은 어떻게 알 수 있는 것일까? 아니, 알 수 있는 것이 아니라 내가 정한다는 게 더 맞는 말이다. **시세는 스스로 결정하는 것이다.** 시세는 부동산 사장님들이 정해주는 것이 아니라, 그 정보들을 바탕으로 내가 확신을 가질 수 있는 가격을 말한다. 시세를 정확히 알아내지 못하는 사람들의 공통점이 있다. 그것은 바로 1~2군데에만 간단히 조사한 경우다.

그 동네의 시세를 가장 잘 아는 사람은 누굴까? 여러 거래를 담당하는 부동산 사장님들일 것이다. 그런데 부동산 사장님은 중개를 하기 위해 시세를 대략적으로 이야기해줄 뿐 가격을 정해주는 사람은 아니다. 그러나 여러 부동산 사장님의 공통적인 시세는 분명 합리적인 가격일 것이다. 단순히 1~2군데에 물어보는 것이 아니라 최소 10군데에서 20군데는 물어봐야 한다. 그래야만 가장 객관적인 정보가 나오고 우리의 판단이 명확해진다.

여러 데이터가 나왔다면 시세의 최종 결정은 스스로 하는 것이다. 결국 부동산의 주인이 될 사람은 내가 될 것이고, 파는 가격 역시 내가 결정하는 것이다. 이렇게 얻은 정보들을 바탕으로 시세를 정확히 파악한 사람은 대답하는 목소리에서도 확신이 느껴진다.

"이 물건의 시세는 3억 2천만 원입니다!"

여기서 중요한 팁을 안내하겠다. 이 마지막 팁을 적용해보고 통과가 된다면 그 물건의 시세가 나왔다고 할 수 있다. 바로 스스로에게 질문해보기다.

'나라도 그 가격에 물건을 살 것인가?'

아주 간단한 질문인데 정말 중요하다. 임장 수업을 통해 시세 파악 훈련을 할 때면 항상 묻는 질문이다. 자신있게 시세를 3억 2천만 원이라고 말했던 분께 질문을 하면 흔들림 없이 "저는 그 가격에 살 수 있습니다"라고 말하는 분과 "아, 그 가격에는 안 살 것 같아요"로 나뉜다. 만약 여러분도 후자와 같이 생각이 흔들린다면 시세를 다시 생각해봐야 한다. 결국 시세라는 것은 '나라도 그 가격에 매수할 의사가 있는지' 또는 '이 가격에는 무조건 팔린다'는 확신을 가지는 가격을 말하는 것이다.

가격에 확신을 가지는 것만큼 경매에서 중요한 것은 없다. 왜냐하면 확실한 시세를 파악하고 들어가야만 낙찰을 받고서도 후회하는 일이 없어지기 때문이다. 입찰의 결과가 단독 낙찰이든 꼴등을 하든 스스로 생각한 시세보다 싸게 들어갔기에 결과에 미련도 없어진다. 그렇지 않으면 낙찰을 받고도 잘못 받은 것일까봐 후회하고 낙찰 이후의 과정을 처리하는데도 자신감이 없어진다.

그리고 시세가 명확해지지 않으면 입찰가를 쓰는데도 망설여진다. 시세에 대한 확신이 없으면 심리상 경쟁력 있는 입찰가를 쓰기 어려워진다. 결국 굉장히 보수적으로 입찰가를 쓰게 되고 매번 패찰을 밥 먹듯이 하는 자신을 보게 될 것이다.

물건의 시세란 결국 "내가 생각하는 무조건 팔릴 가격, 나라도 그 가격에 살 것 같은 가격"을 말하는 것이다.

"분명 시세가 3억인데 다른 사람이 3억에 낙찰을 받아갔어요. 문제 있는 것 아닌가요?"

위와 같은 질문을 할 수도 있다. 이는 세상 모든 사람이 자신의 관점대로 돌아가야 한다고 믿는 분들이다. 나같은 경우 항상 '내가 시세를 잘못 파악했구나' 또는 '그 사람이 시세를 더 높게 생각했구나'라고 생각한다. 시세는 스스로가 결정하는 것이다. 그 말은 곧 내가 생각하는 시세와 다른 사람이 생각하는 시세가 다를 수 있음을 의미한다. 당연한 것이다. 부동산의 가격은 주관적이며 주인에 따라 가치를 다르게 볼 수 있다. 그런데 나와 다른 시세를 정한 사람이 틀렸다고 생각해서는 안 된다.

그런데 그 결과를 두고 자책만 하는 것은 결코 스스로에게 도움이 되지 않는다. 경매를 하는 사람에게 패찰은 실패가 아닌 그저 지나간 경험의 하나일 뿐인 것이다. 물론 물건을 조사하면서 들어간 시간과 비용, 노력이 많을수록 아쉬움이 클 수는 있다. 그러나 경매는 1등만을 뽑는 경쟁의 장이다. 나뿐만 아니라 다른 사람들 모두 나와 같은 노력을 들인 사람들이다. 결과 하나하나에 연연하기 시작하면 경매를 오래 할 수 없다. 경매에서는 좋은 물건이 끊임없이 나오고 새로운 주인을 기다리는 물건들이 계속해서 나온다. 너무 아쉬움을 갖지는 말자.

◆ 부동산은 수학이 아니다

수업 시간에 자주 하는 이야기다. 시세조사를 통해 알아봤더니 5군데에서는 시세를 3억이라고 이야기하고 2군데에서는 2억 8천이라고 이야기한다면, 우리 물건의 시세는 얼마일까? 여러분이라면 우리 물건의 시세를 얼마라고 이야기할 것인가? 많은 사람이 총 7군데의 평균을 내려 2.95억이라고 말한다. 여기서 평균의 오류가 발생한다.

부동산은 수학이 아니다. 만약 평균을 낸 가격이 시세라면 시세조사만큼 쉬운 것은 없을 것이다. 부동산에서 이야기해주는 가격을 나열하고 평균만 구하면 되기 때문이다. 위 질문의 정답은 3억이다. 부동산은 사람의 심리와 밀접히 연결되어 있다. 부동산 투자를 잘하려면 대중의 심리를 읽을 줄 알아야 한다. 즉, 다수가 이야기하는 것이 정답일 확률이 높다는 것이다. 5군데에서 3억이라고 이야기하고 2군데에서 2억 8천이라고 한다면 우리는 다수가 말하는 시세에 거래를 하면 되는 것이다.

특히 주식을 주로 하는 분들이 부동산 경매에 접근을 하면 많이 혼란스러워하신다. 주식 시장에서는 모든 것이 숫자로 움직이고 수익률로 움직이기 때문이다. 이를 그대로 부동산에 접목하여 시세 대비 몇 % 수익률을 봐야 하는 가격에 입찰가를 쓰는 분들도 계신다. 그러나 부동산 경매에서는 그런 수학적 사고가 제대로 작동하지 않는다. 그래서 그 틀을 깨기 위해 많은 조언을 드리고 있으나 쉽지 않다.

다시 한번 이야기하지만 부동산은 수학이 아니다.

5일차
임장이 끝나도 집으로 돌아오지 마라

    임장을 마치면 대개 집으로 돌아간다. 그런데 집으로 바로 오지 말고 반드시 조용한 카페나 공원으로 가서 생각을 정리해야 한다. 지치고 힘든 몸을 이끌고 집에 가서 우선 쉬고 싶지만, 우리의 기억력은 시간을 기다려주지 않기 때문이다. 임장을 마치고 난 후, 가장 생생하게 기억이 살아있을 때 정리를 하는 것이 좋다.

    특히 임장을 통해서 여전히 시세를 잘 모르겠을 때는 다시 한번 임장이나 전화 조사를 통해 확실한 매듭을 지어야만 한다. 전화 조사와 임장을 통해서도 시세에 대한 확신이 서지 않는 이유는 딱 한 가지다. 바로 조사를 한두 군데만 해본 경우다. 기본적으로 전화 조사는 최소 10군데 이상, 임장을 통한 부동산 조사는 2군데 이상을 해봐야 한다. 그렇게 다양한 데이터가 확보되면 누가 말하지 않아도 자신만의 시세는 나오게 되어 있다.

다시 돌아와, 공원이나 카페에 가서 할 일은 딱 두 가지다. 우리 물건의 시세를 결정하고 대략적인 입찰가를 생각해보는 것이다. 손품과 전화를 통해 알아낸 시세와 임장을 통해 알아낸 시세를 조합해보면 우리 물건이 가진 시세를 정확하게 산정해 낼 수 있고, 이를 바탕으로 입찰가를 대략적으로 산정해보는 것이다.

이 과정을 마치면 여러분은 정말 모든 입찰 준비가 끝난 것이다. 마지막으로 확실한 입찰가 산정은 어떻게 하는 것일까?

입찰가 산정의 비밀

5일차

경매에서 어렵고 난해하게 느껴지는 부분은 여러 가지가 있다. 시세 파악, 명도 등이 있지만 경매의 꽃이라고 할 수 있는 입찰가 산정은 많은 사람이 어려워한다. 입찰가 산정은 도대체 어떻게 해야 할까? 사실 기초적인 입찰가 산정은 어렵지 않다. 그러나 진짜 중요한 부분이 따로 있으니 끝까지 잘 읽어보길 바란다. 먼저 여러 책에서 안내하는 기초적인 입찰가 산정 방법을 먼저 알아보자.

1. 기초적인 입찰가 산정 방법 (시세-제반 비용-수익)

먼저 스스로 파악한 시세에서 물건을 취득함으로 인해 발생하는 제반 비용을 공제하고, 자신이 원하는 수익 금액만큼을 추가로 빼는 방법이다. 여기서 이야기하는 제반 비용이란 무엇일까?

◆ 취등록세 및 법무사 등기 비용

새롭게 부동산을 취득할 때는 반드시 취등록세를 내야 한다. 2024년 현재 취등록세 기준은 다음 자료의 개정안과 같다.

취등록세 세율					
종전			개정		
개인	1주택	주택가액 1~3%	개인	1주택	주택가액 1~3%
	2주택				조정지역 / 비조정지역
	3주택			2주택	8% / 1~3%
	4주택 이상	4%		3주택	12% / 8%
				4주택 이상	12% / 12%
법인	주택가액 1~3%		법인	12%	12%

여기에 낙찰 이후, 잔금을 치를 때 법무사에게 소유권 이전 등기를 맡길 경우 추가적인 비용이 발생한다. 보통 경락잔금대

출을 많이 이용하는데, 대출 실행 시 담당 법무사가 잔금 납부 대행을 함과 동시에 소유권 이전을 대행해주고 수수료를 받게 된다. 이때 법무사 견적서를 받은 후 비용이 과다하게 청구될 경우 협상을 통해 조금 더 저렴하게 이용할 수 있도록 이야기해 보자. 그래서 보통 취등록세와 기타 비용을 더해 이전 비용이라 부르고 낙찰가의 약 2%를 잡는다.

◆ 금융 비용

대출을 일으키면서 발생하는 비용을 말한다. 낙찰을 받고 약 3개월 정도의 명도 및 임대 세팅 기간을 생각해야 하기 때문에 3개월치의 이자 발생 비용을 미리 생각해야 한다. 더불어 대출 금액을 전액 상환을 할 경우 중도상환수수료가 추가로 발생하는데 대출 금액의 1.5% 정도가 통상 발생한다.

◆ 명도비(이사 비용)

사실 명도비는 정해진 기준이 없다. 또한 낙찰자가 점유자에게 이사비를 줘야 할 의무도 없다. 상황에 따라 다르지만 이사 비용을 지급함으로 인해 수월하게 명도 협상이 진행된다면 소정의 이사 비용을 지급하는 것이 서로에게 도움이 될 때도 있으니 적절한 비용을 산정하는 것도 도움이 된다.

◆ **체납관리비**

간혹 점유자가 미납한 관리비가 상당히 많을 때가 있다. 법적으로는 낙찰일로부터 3년 이내의 공용 관리비는 낙찰자가 인수한다는 법원의 판례가 있다. 그렇기에 미납 관리비가 있는지 체크한 후, 이를 제반 비용에 산정해야 한다.

여기까지가 기초적인 입찰가 산정의 틀이라고 보면 된다. 파악한 시세에서 추가로 발생할 제반 비용을 제외하고 내가 얻고자 하는 수익만큼을 빼면 되는 것이다. 그러나 이것만 가지고서는 입찰가 산정을 마무리할 수는 없는 노릇이다. 이 정도의 기초적인 계산은 남들도 똑같이 할 것이기 때문이다. **결국 이를 뛰어넘는 나만의 입찰가 산정 방식이 필요한데 지금부터 소개하는 내용을 주목하길 바란다.**

2. 입찰가 산정의 비밀

입찰가 산정은 철저한 심리 싸움이다. 과연 누구와의 심리 싸움일까? 함께 입찰에 들어갈 경쟁자? 아니다. 그건 바로 나 자신이다. 입찰가 산정의 핵심은 나와의 심리 싸움인 것이다. 경쟁 입찰 방식인 경매에서 다른 사람이 아닌 나와의 심리 싸움이라니 엉뚱한 소리인가 싶겠지만 잘 생각해보자.

우리는 경쟁 입찰을 하지만 다른 경매와 달리 결과가 발표되는 순간까지 어떤 사람이 얼마나 들어올지는 전혀 알 수가 없다. 법원에는 정말 많은 사람들이 왔다갔다 한다. 심지어 경매 법정에는 실제 입찰할 사람, 구경하러 온 사람, 학원에서 견학 온 팀 등 다양한 부류가 모여 있다. 그런데 많은 경매 초보들이 사람이 많이 몰려있는 것을 보고 심리에서 흔들려 입찰가를 수정하고는 한다. 결과는 단독 낙찰이거나, 큰 차이로 낙찰을 받거나다. 그렇게 되면 낙찰을 받고서도 후회를 하기 시작한다.

여기서 입찰가 산정의 핵심이 나왔다. 그것은 바로 절대 후회하지 않을 금액을 써야 한다는 것이다. 입찰의 결과가 나왔을 때, 패찰을 하든 단독 낙찰이든, 2등을 하든, 돌아섰을 때 후회가 없어야 한다는 것이다.

'조금만 더 쓸걸…', '한 번 더 기다렸다가 들어올걸…' 등 본인의 선택에 후회하는 사람이 많다. 그러나 경매에서는 절대 이런 생각이 들어서는 안 된다. 경매는 아이들 소꿉장난이 아니다. 수백, 수천만 원이 왔다갔다 하는 어른들의 장인 것이다. 그렇기에 입찰가 산정은 신중에 신중을 기해야 한다.

그렇다면 후회 없는 입찰가 산정은 어떻게 하는 것일까? 이것 역시 스스로에게 질문을 통해 만들어 나가는 것이다. 예를 들면, 시세가 3억인 집의 입찰가를 산정한다고 했을 때, 기초적인 입찰가 산정을 통해 2억 5천만 원을 쓰기로 결정했다고 치자. 그러면 스스로에게 물어봐야 한다.

'만약 다른 사람이 2억 5100만 원을 써서 가져가면 어떨까?'

그 결과가 나왔을 때 후회하지 않을 자신이 있는지를 스스로에게 물어보라. 만약 후회가 될 것 같다면 나도 2억 5100만 원을 써야 하는 것이다. 그리곤 또 질문을 던져라. '다른 사람이 2억 5200만 원을 써서 가져가면 어떨까?' 이때도 후회된다면 나도 2억 5200만 원을 써야 한다. 그래야 후회하지 않는다.

이런 식으로 내가 절대 후회하지 않을 입찰가가 나올 때까지 스스로와의 심리 싸움을 하는 것이다. 그러다보면 내가 더 이상 올릴 수 없는 입찰가의 마지노선이 나오게 된다. '그래, 이 금액보다 다른 사람이 더 높은 금액을 써서 가져간다면 내 것이 아니라고 생각하자.'라는 생각에 다다라야 한다. 나는 이때, 한 번 더 질문을 한다.

'이렇게 썼는데 만약 단독 낙찰이라면?'

생각만 해도 아쉬움이 흘러나온다. 그러면 입찰가를 조금 낮춰야 한다.

이렇게 스스로와의 질문을 통해 입찰가를 산정하면 어떤 결과가 나오든 후회 없는 선택을 할 수 있다. 결국 입찰가 산정은 스스로와의 심리 싸움인 것이다. 이렇게 수많은 고뇌를 통해

결정한 입찰가를, 단순히 법원에 사람이 많다는 이유로 올리거나 내리는 우를 범할 것이라면 그 전날 그렇게 고민할 이유도 없다. 그냥 법원에 가서 사람 수를 세어보고 그에 맞춰 입찰가를 쓰면 되는 것이다.

경매는 결국 스스로 자신감을 가지고 확신이 들도록 훈련을 해야 하는 것이다. 결국 물건 선정에서도, 시세 파악에서도, 마지막 입찰가 산정에서도 확신이 없으면 경매로는 결코 수익을 낼 수가 없다.

이제 경매의 주사위는 던져졌다. 여러분은 어떤 선택으로 확신을 가질 것인가? 경매의 결과는 스스로 만들어내는 것이고, 그렇기에 짜릿한 승부인 것이다.

내가 보기에도 좋고
살고 싶어야
다른 사람의 눈에도
그렇게 보인다.

법원은 처음이지?

분위기에 휩쓸리지 말자

패찰과 낙찰의 감정들

이제 어떡하지?

6일차

결전의 날, 입찰일

처음 경매 입찰에 도전했던 날이 기억난다. 조금이라도 도움이 될지 몰라 새벽부터 목욕재계를 하고 9시 정각에 법원에 들어갔다. 팽팽한 긴장감으로 심장이 두근거렸다. 가져온 수표가 잘 있는지 체크하고, 결전의 장으로 들어갔다. 나와 비슷한 또래부터 나이 지긋한 어르신까지 모두가 비장한 모습을 하고 있었다. 물건검색과 조사, 임장을 하며 들인 나의 노력이 결실을 맺는 날이니 얼마나 긴장이 되던지….

초심자의 행운이 따라주었다면 좋았겠지만 결과는 패찰이었고, 쓴웃음을 지으며 돌아서며 다짐했다. '다음엔 반드시 낙찰을 받아 내고야 말겠다.' 이 책을 읽는 분들도 분명 같은 경험을 할 것이라고 생각한다. 경매 입찰일에 사소한 실수로 인해 노력이 물거품이 되지 않도록 미리 이미지 트레이닝 한다는 생각으로 읽어주시길 바란다.

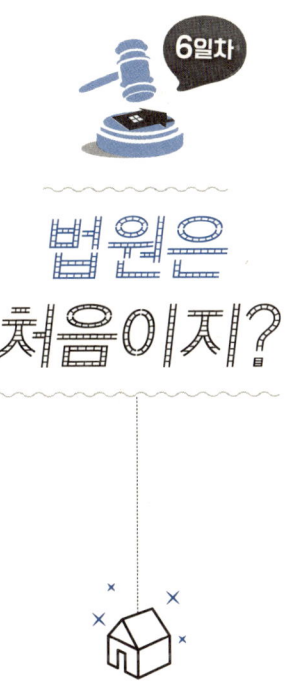

6일차
법원은 처음이지?

법원은 평소에 올 일이 잘 없다. 사실 와서도 좋을 게 별로 없기도 하다. 그만큼 법원을 한 번도 가보지 않은 사람들은 많은 긴장감을 안고 간다. 그래서 시간이 될 때 한 번쯤 미리 방문하여 법원이란 곳에 익숙해질 필요가 있다. 고3 학생들이 수능을 보기 하루 전, 자신이 시험을 치를 장소에 방문해보면서 집에서 시험장까지의 시간은 얼마나 걸리는지, 교실의 풍경은 어떤지를 느껴보는 것으로 긴장감을 달래곤 한다.

경매 법정도 마찬가지다. 특히 법원에 처음 갔을 때는 당황하는 경우가 많다. 우선 법원에는 주차할 공간이 거의 없다. 경매 예정 시간보다 빨리 가더라도 주차 공간이 없는 경우가 대다수이기 때문에 이왕이면 대중교통을 이용하자. 주차를 못해 입찰 시간을 놓쳐 기회를 날리는 사람들도 꽤 많다. 그리고 법원마다 경매 입찰 시작 시간이 각기 상이하다. 보통 1시간의 시간을 주지만 10시에 시작하기도 하고, 10시 반에 시작하기도 하니 미리 꼭 체크해놓자.

법원에는 경매 사건을 담당하는 곳과 그렇지 않은 곳으로 나뉜다. 경매 담당 부서가 있는 건물로 출입을 할 때는 보안관이 항상 검색대에서 검사를 하기 때문에 절차에 응하기만 하면 된다. 또한 거의 모든 경매 법정에는 우체국과 은행이 있기 때문에 수표를 바로 입금하거나 찾을 수도 있다. 대부분 신한은행이 있으니 신한은행 계좌를 하나 만들어놓는 것도 좋다.

경매 법정에 들어갔다면 가장 먼저 확인할 것은 해당 사건의 진행 여부다. 매각기일 당시 입찰이 시작되기 전 게시판에는 사건번호와 함께 진행 여부를 안내하는데, 매각기일이 변경되거나 채권을 갚아 취하된 경우도 꽤 잦기 때문이다. 확인을 하지 않고 입찰할 경우, 무효 처리될 수 있으니 꼭 확인을 해야 한다. 특히 게시판에는 수기로 변경, 취하 등을 적는 경우도 있는데 이럴 때는 반드시 집행관에게 확인을 하는 것이 좋다. 가끔 경쟁자들이 나쁜 마음을 먹고 일부러 장난을 쳐서 입찰을 방해하는 경우가 있기 때문이다.

★ 입찰 시, 준비물과 주의할 점

부동산 경매에 참여하기 위해서 기본적인 준비물이 있다. 다음의 내용을 꼭 확인하고 입찰 준비에 응하자.

입찰자	준비물
본인	신분증, 도장, 입찰보증금
대리인	본인의 인감증명서, 본인의 인감도장으로 날인된 위임장, 대리인 신분증, 대리인 도장, 입찰보증금
법인	법인인감증명서, 법인등기부등본, 법인인감도장으로 날인된 위임장, 대리인 신분증, 대리인 도장, 입찰보증금

법원에서 물건의 주인이 될 사람을 본인이라고 부른다. 위 준비물 중 하나라도 준비하지 않으면 무효 처리가 되니 입찰일 당일까지 꼼꼼히 체크해야 한다.

1) 인감도장과 일반도장을 헷갈린 수강생 A

관악구에 있는 빌라를 도전하기 위해 임장과 시세조사를 철저히 한 수강생 A가 있다. 이분은 어머님의 실거주용 집을 낙찰받기 위해 관악구만 집중적으로 조사하던 분이었다. 모든 준비를 끝내고 입찰 당일 당당히 1등으로 낙찰을 받았지만, 집행관의 호출이 들렸다.

"낙찰자 A씨, 잠시만 이쪽으로 와주세요!"

보통 잠시만이라는 말이 들리면 불길한 느낌이 들기 마련이다. 집행관은 A를 불러 이야기했다.

"날인된 도장이 인감증명서의 도장과 일치하지 않아 무효 처리 되었습니다."

어머님의 실거주용으로 낙찰을 받을 예정이라 대리인 자격으로 간 A씨는 그 사실을 알고 재빨리 도장을 확인했다. 아뿔싸, 어머님께 부탁해서 받았던 도장이 인감도장이 아닌 막도장이었던 것이다. 경매 경험이 없으신 어머님은 도장을 달라고 하길래 일반도장을 건네주신 것이다. 경매 물건을 위해 돌아다녔던 모든 시간과 노력이 단 한순간의 실수로 물거품이 되어버린 것이다. 이처럼 입찰 전 준비물을 꼼꼼히 체크하여 실수하는 일이 없도록 주의하자.

2) 열람용과 제출용 한 끗 차이의 행운

수강생 B는 경기도 양주의 한 신축 빌라에 입찰했다. 수업 시간에 배운 대로 시세조사와 임장을 하고 자신만의 확신을 가지고 법원에 들어갔다. 결과는 아쉽게도 20만 원 차이로 패찰이었다. 아쉬운 마음을 뒤로 하고 돌아서려던 찰나, 집행관이 B를 불러세웠다.

1등으로 낙찰을 받은 법인에서 제출한 서류가 잘못되었으니 잠시 기다려달라는 것이었다. 알고 보니 법인 제출 서류 중 법인등기부등본을 제출용이 아닌 열람용을 발급하여 첨부했던 것이다. 1등을 했던 법인의 대표는 제출용이나 열람용이나 그게 그것 아니냐며 따졌지만, 법원은 결코 실수를 용납하지 않는다. 그렇게 해서 양주의 빌라는 2등인 수강생 B에게 돌아갔고, 낙찰받은 지 두 달 만에 매도를 하여 2000만 원의 시세 차익을 벌어들였다.

3) 법원을 헷갈린 C

물건이 속한 위치에 따라 입찰을 진행하는 법원이 달라진다. 수강생 C 역시 입찰을 하기 위해 준비를 하여 인천지방법원으로 향했다. 그런데 게시판을 아무리 살펴봐도 입찰할 물건의 사건번호가 보이지 않았다. 집행관에게 다가가 혹시 사건이 변경 혹은 취하되었는지 물었더니 해당 사건은 인천지방법원 부천지원에서 진행한다는 것이다.

인천의 물건이라 하더라도 지역이 넓은 경우 지원에서 진행하는 경우가 있는데 물건이 인천에 있으니 당연히 인천법원에서 하는 줄 알았던 것이다.

누구도 실수할 것이라고 생각하지 못한 부분에서 이러한 실수들이 나오게 된다. 따라서 입찰 전에는 입찰할 물건의 담당 법원, 입찰 시간 등을 꼭 체크해야 한다.

분위기에 휩쓸리지 말자

입찰 당일 법원에 가면 분위기에 휩쓸리는 일이 종종 생긴다. 법원에 가면 사람들이 아주 많이 몰려든다. 아파트 경매가 있는 날이면 적게는 30명에서 많게는 60명까지도 입찰에 들어온다. 그런데 입찰자만 있다면 다행이지만 모의 입찰이나 구경을 하러 온 사람, 학원에서 실습을 나온 무리 등 실제 입찰을 하지 않는 히수들도 많이 섞여있다. 그런데 입찰장에만 가면 그 사람들이 모두 경쟁자로 느껴지는 것이 문제다.

그로 인해 나오는 실수들이 많다. 가장 많은 비중을 차지하는 것이 입찰가 수정이다. 밤새도록 고민하고 고민했던 입찰가를 믿지 않고 현장에서 분위기만을 보고 금액을 올리거나 내리는 실수를 한다. '사람이 꽤 많은데 조금 더 올려야지' 또는 '어, 사람이 생각보다 적네. 조금만 낮추자' 결과가 좋으면 다행이지만 거의 대부분 후회를 하게 된다. 막상 입찰함을 열고 결과를 발표하면 생각보다 덜 들어오거나 단독으로 낙찰되는 경우가 많다. 입찰가 산정의 기본은 후회하지 않는 금액이다. 법원에 가서 분위기에 휩쓸려 입찰가를 쓸 거라면 밤늦게까지 왜 고민을 하는가.

간혹 경쟁에서 이기기 위해 입찰봉투를 일부러 늦게 넣는 사람들도 있다. 다른 곳에 숨어있다가 마감 3분쯤 전에 우르르 몰려와 입찰 봉투를 넣는데, 이는 경쟁자가 사람이 별로 없다는 인식 때문에 입찰가를 낮춰 적게 만들려는 행동이다.

실제 나의 사례를 이야기해보려고 한다. 2020년 화성의 토지에 경매 입찰을 하기 위해 아는 지인들과 조사를 하고 회의를 하며 입찰가를 산정했다. 나를 포함해 5명의 사람이 함께하는 것이다 보니 입찰가를 산정하는 것도 결코 쉽지 않았다. 입찰 당일에 나는 일을 하고 있어 나머지 4분이 대리입찰에 응하셨는데 갑자기 전화가 걸려왔다.

"선생님, 법원에 왔는데 사람이 너무 많아요. 우리 조금만 높일까요?"

"아, 조금 그런데…. 일단 잘 판단해서 입찰해주세요."

그렇게 시간이 흘러 결과 발표가 될 때쯤 다시 전화가 걸려왔다.

"결과가 어떻게 됐나요?"

"낙찰 받았어요! 그런데 단독낙찰이에요…."

"그래도 뭐 괜찮아요. 그런데 입찰가를 얼마나 높여서 쓴 거예요?"

"그게…. 사람이 너무 많아서 저희가 8000만 원을 더 썼어요…."

"네? 얼마를 더 써요?"

"8000만 원이요…. 미안해요, 선생님."

"아니 800만 원도 아니고 8000만 원을 올려쓰면 어떻게 해요. 그러면 우리가 회의한 게 다 의미가 없잖아요…."

사건의 전말은 그랬다. 나를 제외한 4명의 지인들은 경매 입찰이 처음이었고, 법원에 몰린 사람들의 분위기에 압도당한 것이었다. 한창 토지 투자의 붐이 일고 뜨거웠던 시장이다 보니 8000만 원은 올려야 받을 수 있을 것이라고 생각한 것이다.

이처럼 분위기에 흔들려 입찰가를 수정하면 우리의 소중한 돈과 노력이 한 순간에 물거품이 될 수 있다.

나의 경우, 모든 입찰표 작성은 입찰 전날 완벽히 끝내버린다. 아예 입찰가까지 작성해서 법원에 도착하자마자 그대로 넣어버린다. 그래야만 사람이 많고 적음에 흔들리지 않고 확신을 가지게 된다.

경매시장은 결코 녹록지 않다. 기억하자. 경매란 남들과의 경쟁이 아니라 자신과의 심리 싸움에서 이겨야 한다는 것을.

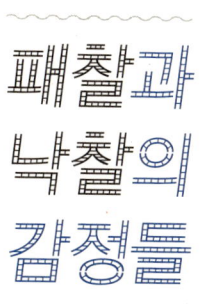

경매를 통해 첫 입찰을 하면 설렘과 걱정으로 심장이 두근대는 경험을 하게 된다. 들어가는 족족 낙찰을 받을 수 있다면 얼마나 좋을까? 그러나 현실은 그렇지 않다. 수많은 패찰을 경험하게 되고 과연 이 시장을 통해 돈을 벌 수 있는 것은 맞는지 고민을 하게 된다. 대부분의 경매인들이 이 패찰의 산을 넘지 못하고 경매 시장을 떠나는 경우가 많다. 그러나 패찰을 실패로 받아들여선 안 된다. 패찰을 한다는 것은 경매의 경험치가 쌓이는 것이다. 점차 입찰가의 감이 쌓이게 된다.

경매를 수없이 경험한 나를 비롯한 많은 사람도 패찰을 밥먹듯이 한다. 경매를 하는 사람은 패찰을 두려워해서 안 된다. 그런데 어떤 사람들은 패찰할까봐 도전을 안 하기도 한다. 한 번도 실패하지 않았다면 한 번도 도전하지 않은 것이다. 도전을 해야 결과가 나올 것 아닌가. 누구든 처음의 순간은 두렵고 걱정되기 마련이다. 그러나 그 산을 넘어 낙찰이라는 결과를 얻게 되었을 때의 짜릿함을 상상해보자.

★ 패찰을 자주 하는 사람들의 특징

패찰하는 것을 두려워해선 안 되지만, 패찰이 습관이 되는 것도 좋지 않다. 그런데 패찰이 습관이 된 사람들의 특징이 있다. 혹시 내가 이런 사람은 아닌지 경계하고 읽어보자.

첫째, 운으로 경매하는 사람. '경매는 10번은 도전해야 1번은 낙찰받을 수 있어' 또는 '최저가로 한번 써보고, 되면 좋고 안 되면 어쩔 수 없지.' 가장 많은 사람들이 생각하는 것들이다.

경매 입찰의 횟수를 늘리면 그중 하나는 낙찰이 될 것이라고 생각하는 사람들이 있다. 이는 철저하게 잘못된 것이며 지속불가능한 경매임이 확실하다. 그 이유는 경매 입찰 횟수를 늘려서 매일 경매에 참여하는 사람들의 경우, 시세조사가 제대로 이뤄지지 않는다. 대충 실거래된 내역과 한두 군데 부동산에 전화해보고 대략적인 시세를 파악하고 들어간다. 그렇다 보니 자신의 가격에 확신을 가지지 못한다. 이는 경쟁력 있는 입찰가가 나올 리 만무하며, 매번 패찰을 거듭하게 된다. 결국 경매의 실력을 높이기보다 타석에만 많이 들어서서 한 번 성공하길 바라는, 운에 따르는 경매를 하는 것이다.

매번 최저가로만 들어가는 사람들도 마찬가지다. 결국 시세조사를 하기 귀찮으니 최저가로 들어가서 운으로 경매를 하고 싶은 사람이다. 이런 사람들의 공통점은 "요새는 경매로 먹을 게 없다", "요새 경매 너무 비싸게 낙찰되니 다음 기회를 노리는 게 좋다"와 같은 자기 합리화의 말을 하는 것이다. 자신의 노력 여부는 생각하지 않고 다른 사람들의 철저한 노력을 비하하는 것으로 가장 비겁한 사람이다.

이처럼 운으로 경매하는 사람들은 패찰을 밥먹듯이 하며 낙찰을 받더라도 후회하고 경매시장을 떠나는 일이 많다. 혹시나 이런 생각을 하고 있다면 하루빨리 고쳐야 한다.

둘째, 시세조사를 너무 보수적으로 하는 사람. 첫째의 경우보다는 개선될 가능성이 아주 높은 사람이다. 시세조사를 하지만 '안 팔리면 어떡하지?', '시장이 안 좋아서 앞으로 더 떨어지면 어떡하지?'와 같은 자기만의 논리를 펼친다. 그리고 부동산에서는 거래가 안 된다는 이야기를 너무 많이 한다는 외부 논리까지 끌어들인다. 이 때문에 입찰가를 공격적으로 적지 못하고 낮게 적어 아슬아슬하게 패찰을 한다. 이분들이 가장 경계해야 하는 것은 계속되는 패찰 때문에 한순간 낙찰을 위한 가격으로 높게 써버리는 행동이다.

시세조사를 너무 보수적으로 하는 분들은 약간의 경험과 멘토링이 더해지면 감을 잡고 꾸준히 낙찰을 받는 사례가 많다. 시세조사를 열심히 하는데 계속해서 패찰이 지속된다면, 한 번쯤 자신의 입찰가 산정에 문제가 있지는 않은지 확인해볼 필요가 있다.

짜릿한 낙찰의 순간은 몇 번이 되어도 즐겁다. 특히 첫 낙찰은 누구에게나 오랜 기억으로 남게 되는데 그 이후의 과정을 생각하면 마냥 즐겁지는 않다. 나는 수업 시간에 경매는 두 개의 산이 있다고 말한다. 하나는 낙찰까지의 과정이며 또 하나는 낙찰 이후의 과정을 말한다. 그만큼 낙찰 이후에도 해야 할 일들이 녹록지 않기 때문이다. 낙찰이 된 순간부터는 예상하지 못할 문제들을 맞닥뜨리게 되며 그래서 더 긴장되기도 한다. 대출과 명도, 인테리어 등은 우리가 예상하는 범위를 항상 넘나든다. 그래서 경매는 마인드 컨트롤이 정말 중요하다.

부자와 일반인의 차이가 무엇인지 아는가? 바로 문제를 바라보는 시각의 차이다. 모든 일은 예상치 못한 문제가 생기기 마련이다. 일반인은 예상치 못한 문제를 바라볼 때, 당황과 함께 낙담하고 문제를 회피한다. 그러나 부자들의 공통점은 예상치 못한 일에 단련이 되어있을 뿐더러 그저 해결 방법을 찾아 처리하면 되는 간단한 것으로 생각한다.

경매를 하다보면 정말 예상외의 일들이 많이 일어난다. 명도를 하기 위해 점유자를 만나면 세상에는 정말 별사람들이 다 있다는 것을 느끼게 되고, 수리를 하다가도 예상치 못한 누수를 만날 수도 있으며, 임대와 매매를 진행하다보면 생각대로 흘러가지 않을 때도 많다.

그럴 때는 멘탈을 가다듬고 모든 문제는 다 해결할 수 있다는 자신감을 가지고 행동으로 움직이는 것이 중요하다. 세상에 해결 불가능한 문제는 없다.

이제 어떡하지?

 모든 경매인의 첫 목표, 낙찰의 순간이 왔다. 낙찰을 처음 받으면 어안이 벙벙하고 어마어마한 희열이 몰려온다. 수많은 사람의 부러움을 받으며 제일 앞으로 나가 꿈에 그리던 낙찰의 증표인 낙찰영수증을 받게 된다. 낙찰영수증은 추후 대출을 일으킬 때도 필요한 서류이기 때문에 꼭 사진을 찍어서 보관해놓아야 한다.

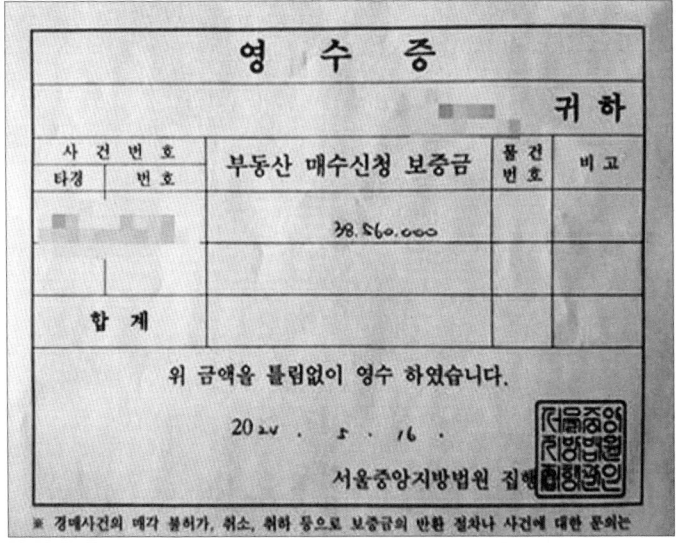

많은 초보 경매인들이 낙찰까지의 과정은 생각하지만 그 이후에는 어떻게 해야 할지 잘 모르는 경우가 있다. 그래서 낙찰을 받은 순간부터 해야 할 일들을 정리해보았다. 우선 입찰 당일부터 잔금을 납부하기 전까지 낙찰자가 해야 할 일은 바로 대출과 명도 진행이다.

먼저 대출에 대해 알아보자. 집행관으로부터 낙찰 영수증을 받고 돌아서면 법정 끝에 서있는 대출 브로커들에게 명함을 받게 된다. 당황하지 말고 그대로 받으면서 승리의 웃음을 지으며 걸어나오면 된다. 경매는 잔금을 치러야 완전히 나의 소유가 되는데 잔금을 납부하기 위해 대출을 알아보면 되고, 나누어준 명함에 나와 있는 곳에 문자를 돌리면 나의 상황에 맞는 대출 상품들을 안내해준다. 이때 어떻게 문자를 보내야 하는지 모르는 분들을 위해 보내면 좋은 내용을 안내한다.

◆ 대출 문자 보내기

안녕하세요 이번에 OO타경OOO번 낙찰자입니다. 제가 현재 O개 주택을 소유하고, 연소득은 OOOO만 원입니다. 대출 가능 금액은 어떻게 될까요?

답이 오면 추가로 매매사업자를 활용한 사업자 대출을 일으킬지, 중도상환수수료나 이자가 저렴한 건 더 없는지 등을 확인해보면 된다. 대출은 개인의 신용과 소득, 주택 수에 따라 상이하게 나오니 여러 군데 비교해봐야 한다. 특히 대출을 최대한 많은 상담사에게 물어봐야 하는데, 분명 더 좋은 조건의 대출을 찾아낼 수 있기 때문이다.

우리 교육생 A는 은평구에 있는 다가구를 낙찰받았다. 대출을 알아보기 시작하는데 입찰 들어가기 전 생각했던 낙찰가의 80%의 금액에 턱없이 부족한 금액밖에 안 나온다는 것이었다. 다가구 주택이라 5%의 차이도 크게 왔다갔다 했다. 교육생은 기존에 알아봤던 것보다 더 많은 상담사에게 열심히 연락을 돌렸다. 결국은 20군데의 상담사 중 2군데에서 낙찰가의 80%까지 해주겠다는 답을 얻게 되었다.

똑같은 대출이라고 하더라도 왜 서로 다르게 이야기를 해주는 것일까? 그것은 바로 은행의 실적과 연결이 되어있다. 전국에는 수백 개의 은행이 있는데 같은 은행이라 하더라도 지점별로 대출을 실행해야 하는 목표치가 정해져 있기 때문이다. 은행도 충분한 액수의 대출을 실행해야만 실적이 채워지기 때문에 공격적으로 대출을 실행해주는 은행도 찾아볼 수 있는 것이다.

실제로 나는 유치권이 걸린 상가를 받은 적이 있는데 모든 은행에서 대출을 해주지 못한다고 이야기했다. 그러나 일주일에 걸친 백방의 노력으로 딱 한 군데에서 대출을 해주겠다는 연락을 받아 잔금을 납부한 적이 있었다. 결국 대출조차도 정해진 것이 아니라 자신의 노력 여하에 따라, 기술에 따라 달라질 수 있다는 것이다.

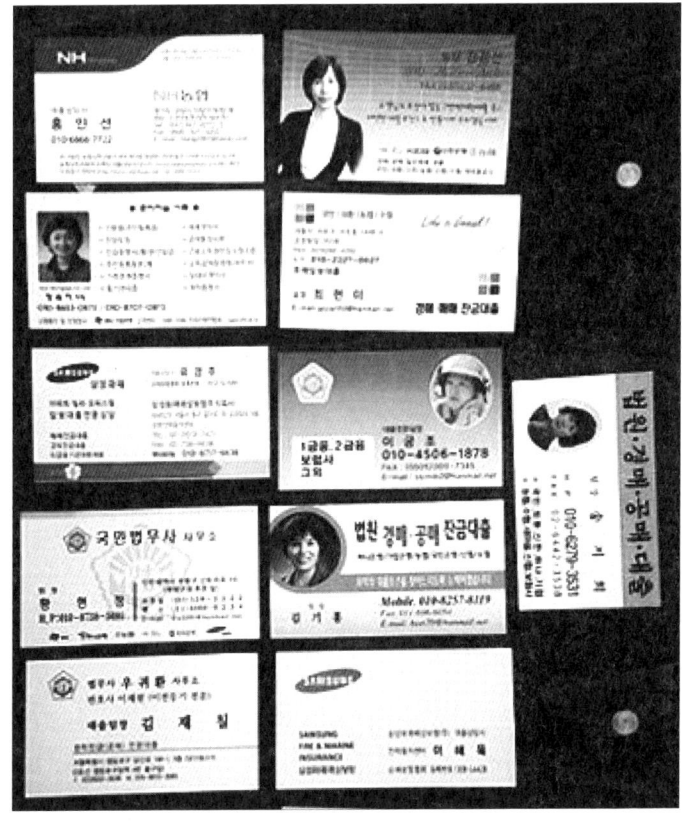

 또한 낙찰 받은 당일, 명도를 위한 사전작업을 할 수 있다. 낙찰 당일, 우리는 낙찰자의 자격으로 경매 사건을 열람하는 것이 가능하다. 경매 담당 부서에 가서 낙찰영수증을 보여드리고 사건열람을 요청하면 드디어 비밀 속에 감춰져 있던 문서들을 확인할 수 있다.

이때 다른 것보다 중요한 것은 점유자의 연락처를 알아내는 일이다. 보통 전세나 월세 계약서가 첨부되어 있는데, 적혀진 임차인의 전화번호를 찍어서 연락을 취하면 된다.

그런데 임차인이 아닌 집주인이 점유를 하고 있을 때는 별다른 계약서를 찾기가 어렵다. 그럴 때는 낙찰받은 집에 방문하여 간단한 쪽지를 붙여놓고 오면 된다. 쪽지에는 낙찰자임을 밝히고, 본인의 휴대폰 번호를 남겨놓고 오면 된다. 다만 낙찰받은 당일 바로 가서 문을 두드리거나 접촉을 하는 행위는 삼가길 바란다. 소유자는 낙찰일에 굉장히 예민해져 있기 때문에 일주일 정도의 시간을 두고 조금씩 접촉하는 것이 부드러운 명도 진행으로 이어질 수 있다.

경매의 꽃, 명도
내용증명으로 내 패를 보여주자
명도확인서를 활용하자
인테리어 하나로 가치는 점프 업
임대와 매매의 기술

7일차

명도와 대출,
임대까지 마무리

7일차 경매의 꽃, 명도

"경매를 왜 두려워하나요?"라는 질문에 "명도가 너무 무서워요."라는 대답이 가장 많다. 도대체 왜 명도가 어렵고 무서운 절차로 인식이 되었을까?

사실 이렇게 대중화되고 보편화되기 전의 경매는 소위 덩치 큰 사람들의 장이었다. 입찰기일표를 넣으려고 하면 일부러 몸으로 막아 입찰에 참여하지 못하게도 하고, 경매 진행 날짜도 아는 사람끼리 결정해 단독으로 받는 경우도 많았다. 그러다

보니 명도 절차 역시 깨끗하고 투명하지 못했으며 약간의 무력이 난무하는 사례도 많았다.

부동산 경매의 현재 모습은 완전히 달라졌다. 투명하고, 깨끗하며, 법적인 절차도 깔끔하다. 그런데 옛날의 모습을 떠올리며 단순히 경매는 무서운 것이며, 조폭들이 명도를 하는 것으로 상상하기 때문에 많은 부분이 와전되었다. 특히 명도는 사람을 집에서 내보낸다는 시각으로 바라보기 때문에 많은 사람의 경매 문턱을 높이고 있다.

과연 명도는 정말 무섭고 어렵기만 한 것일까? 결론부터 말하자면 전혀 그렇지 않다. 경매에서 명도는 협상의 기술들이 난무하긴 하지만, 결국 법적인 절차 안에서 행해지는 것이기에 경매인에게는 비장의 무기를 가지고 임하는 것이다. 결국 이 세상에는 해결하지 못할 명도는 단 하나도 없다는 사실을 알았으면 좋겠다.

★ 명도는 투 트랙

명도는 두 가지 방법이 있다. 법으로 하는 명도, 대화로 하는 명도. 낙찰자는 반드시 이 두 가지를 동시에 진행해야 한다. 법을 믿고 막무가내로 나가면 사고가 나게 되고, 대화만 하다 보면 갑과 을의 위치가 바뀌는 일이 생기기 때문이다.

우선 법으로 하는 명도의 절차부터 알아보자.

1) 잔금 납부 후 6개월 내 인도명령신청

경매에는 인도명령제도가 있다. 일반 부동산의 명도 소송의 경우 약 6개월의 시간이 걸려 인도명령신청을 할 수 있지만, 경매에서는 이 시간을 바로 앞당겨준다. 낙찰자는 매각이 확정된 날로부터 약 30일 이내까지 잔금을 납부하게 되는데 잔금 납부일로부터 6개월 내에 인도명령신청을 할 수 있다.

◆ **인도명령신청을 하지 않은 A**

낙찰자 A씨는 점유자와 명도 협상에 들어갔다. 점유자는 자신의 어렵고 안타까운 사정을 이야기하며 조금만 시간을 더 달라고 부탁을 했다. 이미 잔금을 납부하고 대출 이자가 발생하고 있지만, 마음이 약한 A는 점유자를 믿고 한 달의 시간을 보냈다. 그러나 돌아오는 대답은 시간을 조금만 더 달라는 것. 그렇게 두 달, 석 달이 흘러 결국은 잔금납부를 한지 6개월이 지나버렸다. 그러나 점유자는 도저히 나갈 생각을 하지 않고, A는 그때서야 비로소 인도명령신청을 한다. 그러나 잔금납부 후 6개월이 이미 지난 시점이라 새롭게 명도 소송을 진행해야 하고, 그 절차를 완료하는 데 또 6개월의 시간을 써야 한다. 이처럼 점유자의 행동을 믿고 감정적으로 대응을 하게 되면 도리어 시간과 비용에서 큰 손해가 날 수 있으니, 인도명령신청은 최대한 빠르게 하는 것이 좋다.

2) 인도명령결정문 송달

인도명령신청을 하면 판사가 이를 판단한 뒤, 인도명령결정문을 내린다. 법원의 결정문은 도달주의를 채택하고 있어서 해당자에게 도달을 해야 한다. 이를 악용해 일부러 법원에서 날아오는 우편물을 받지 않으며 시간을 끄는 점유자가 있다. 이때는 특별송달, 공시송달 등을 요청하여 최대한 빨리 송달 간주로 진행시키는 것이 좋다.

3) 강제집행신청

인도명령결정문이 송달되면 송달증명원과 인도명령결정문을 가지고 강제집행 신청서를 작성할 수 있다. 드디어 명도의 끝이 보이기 시작하는 과정이다.

4) 계고장 부착

강제집행을 실제로 실행하기 전, 법원에서 미리 경고하는 절차라고 생각하면 된다. 이때 계고장은 집 내부에 붙이기 때문에 점유자가 많이 당황하고 여러 생각을 하게 만든다. 버틸 수 있을 것이라 생각했던 점유자는 정말 강제집행이 진행될 것을 예감하고 미리 짐을 빼는 경우가 있는데, 이때 모든 명도의 95%는 끝난다고 보면 된다. 멀쩡한 짐들이 다 컨테이너로 들어가고 부서질 것을 감안하면서 버티는 사람은 없을 것이다.

5) 강제집행

그럼에도 불과하고 강제집행을 진행하는 경우는 100건 중 1건도 되지 않을 만큼 많지 않다. 그렇기에 강제 집행을 하는 것에 큰 두려움을 가지지 않아도 되며, 실제 집행은 집행관과 인부들이 하기 때문에 우리는 점유자와 만나지 않아도 된다.

6) 동산경매

강제집행으로 들어낸 모든 짐은 법원이 지정한 물류 창고에 보관된다. 이때 보관 비용이 발생되어 낙찰자에게 부과된다. 해당 짐들은 동산으로서 아직은 점유자의 것이기 때문에, 강제집행 비용과 보관비용을 하나의 채권으로 잡아 동산 경매를 신청한다. 동산경매가 진행되면 사실상 낙찰자가 모든 짐을 낙찰 받고, 그 짐들의 소유권이 넘어와 폐기물 처리를 하면 모든 명도 절차가 완료된다.

법으로 하는 명도 절차를 읽어보니 어떤가? 생각보다 간단하지 않고 시간과 비용도 많이 발생하게 된다. 어쩌면 협상을 통해 내보내는 것이 더 쉬울지도 모른다. 그렇기에 우리는 법으로 하는 명도보다 대화를 통해 명도하는 방법을 선택한다.

★ 협상의 기술

법으로 모든 절차를 해결할 수 있지만, 결국은 사람과 사람 사이의 일이다. 법으로만 일을 처리하는 것이라면, 세상에는 전쟁이 난무할 것이다. 세계 최강국인 미국의 군사력만으로 전쟁을 일으키지 않는 이유가 뭘까? 결국 협상을 통해 얻어낼 수 있는 이익이 서로 있기 때문이다. 그렇다고 손해보는 장사를 할 수는 없는 노릇이다.

결국 협상을 하더라도 내게 남는 것이 있어야 하고, 그러려면 명확한 기준이 필요하다. 기준 없는 협상은 상대에게 끌려가게 되고, 손해만 보는 장사를 해야만 한다. 명도 협상을 통해 서로에게 좋으려면 어떤 기준을 세워야 할까? 그것은 바로 시간과 돈이다.

시간은 누구에게나 공평하게 흐른다. 그러나 사람에 따라 그 시간을 가치 있게 또는 가치 없게 쓰기도 한다. 그래서 낙찰자에게 시간은 아주 큰돈이기도 하다. 점유를 하고 있는 상대방으로 인해 사용 수익화 하지 못하는 기간 동안 여러 기회비용을 날려야 하기에, 우리는 이를 기준으로 협상에 들어가야 한다. 이를 명확히 정리하면 다음과 같다.

협상의 기준 = 강제집행까지의 시간과 비용

명도라는 전쟁의 승리자는 사실 낙찰자로 정해져 있다. 적법한 절차대로 이행했을 때, 부동산은 낙찰자에게 인도되기 때문이다. 그러나 법으로 집행하는 것이 공짜는 아니다. 또한 금융비용 역시 발생하기 때문에 이런 모든 비용을 산정해야 한다.

일단 강제집행까지의 시간을 먼저 생각해보자.

잔금 납부 후 인도명령신청 → 인도명령결정문 송달 → 강제집행 계고장 부착 → 강제집행

위 절차를 진행하는 데 아무리 적어도 약 6주가 소요된다. 여기서 점유자가 일부러 우편물을 받지 않기라도 시작한다면 2주에서 3주가 더 걸린다. 즉, 잔금을 납부한 날로부터 평균 2개월의 시간이 소요되는 것이다. 이 2개월이라는 시간이 점유자와의 협상 기준이 되는 것이다. 점유자가 2개월 이상의 시간을 요구하며 버티게 되면 우리로서는 강제집행을 진행하는 것이 오히려 나은 선택이 되는 것이다.

게다가 2개월의 기간 동안 소요되는 비용도 고려를 해야 한다. 보통 잔금을 납부할 때 경락잔금 대출을 활용하는데, 대출에 대한 이자가 발생한다. 강제집행 전까지 2개월의 시간 동안 발생하는 이자에다가 강제집행 비용까지 더하면 돈의 기준까지 잡히게 된다.

결국 명도 협상의 기준은 2개월의 시간과 비용을 기준으로 진행하는 것이다. 이때 반드시 생각해야 하는 점은 점유자에게 시간과 비용을 적절하게 분배해야 한다는 것이다. 점유자에게 시간을 준다면, 돈을 줄이고 돈을 준다면 시간을 줄이는 것이다. 예를 들어, 강제집행 기간까지 2개월, 소요되는 비용이 300만 원이 발생한다는 기준이 생기면 이를 바탕으로 협상을 진행하는 것이다. 다음의 시나리오를 보자.

나 : 안녕하세요, 낙찰자입니다. 현재 점유하고 계신 부동산에 대한 이야기를 나누고자 연락을 드렸습니다.

점유자 : 네, 저희는 돈을 한 푼도 받지 못하는데 어떻게 하실 건가요?

(보통 점유자는 자신의 권리와 책임을 망각하고, 다짜고짜 피해 사실만 이야기를 한다. 여기서 함께 화를 내며 감정싸움을 하지 않도록 주의하자.)

나 : 돈을 받지 못하는 부분에 대해서는 안타깝게 생각합니다. 그러나 법적으로 그 부분은 저희가 보장해드릴 수는 없는 부분입니다. 죄송하지만 이사 계획을 여쭤보고 싶습니다.

(상대방의 입장을 충분히 이해하고, 공감한다는 표현을 해주는 것이 명도 협상에서 유리하다. 법적인 내용을 명확하게 이야기하고 끌려가지 않는 게 중요하다.)

점유자 : 저희는 집을 구해야 되서 3개월 정도는 시간이 필요하고, 이사비는 200만 원 정도 주셨으면 좋겠습니다.

나 : 그렇군요, 그러나 저희가 잔금을 납부한 이후로는 소유권이 넘어오기 때문에 불법으로 점유를 하고 계신 것입니다. 그러나 저희도 선생님과 원만하게 해결하기를 원합니다. 법적 절차대로 진행하면 2개월이면 완료가 되는데, 3개월의 시

간을 드리는 것은 저희도 손해가 막심합니다.
(법적인 내용을 정확히 고지하되, 협상의 의지가 있음을 보여준다.)

점유자 : 그럼 이사비라도 더 주셔야 할 것 같은데요?

나 : 네, 저희도 일정 부분은 도와드리고 싶지만, 법적 비용도 200만 원이 채 들지 않습니다. 다만 1개월 이내로 집을 비워주시면 100만 원을 지급해드릴 용의가 있습니다.
(우리가 설령 200만 원을 주기로 계획을 세웠더라도 더 낮은 금액을 제시하는 것이 좋다. 상대방은 조금이라도 더 얻기 위해 자신의 금액도 낮춰서 이야기하게 된다.)

점유자 : 그럼 1개월 이내에 집을 비울 테니 200만 원이라도 주세요.

나 : 네, 저희도 이야기를 나눠보고 다시 연락드리겠습니다.
(모든 결정은 그 자리에서 내리기보다는 시간을 두는 게 좋다.)

정리하자면, 명도의 칼자루를 쥔 사람은 낙찰자다. 협상에 응하는 것도, 법적 조치를 취하는 것도 결국은 우리의 의지대로 진행하는 것이다. 따라서 상대방이 어떻게 나올지 미리 겁먹을 필요가 없다. 오히려 겁을 내고, 두려움을 느끼고 있는 사람은 점유자다.

시간과 비용 중 둘 중 하나만 주는 전략으로 명도 협상을 이끌어가면 어려운 명도도 쉽게 해결할 수 있을 것이다.

내용증명으로 내 패를 보여주자

명도 협상을 진행할 때, 도움을 주는 친구가 있다. 바로 내용증명이다. 우리가 살다보면 내용증명을 받아볼 일이 거의 없다. 내용증명은 실제로 모든 법원 소송의 첫 시작 단추로 사용되며 그 효력을 인정받기 때문에 사용 효과는 굉장히 좋은 편이다. 나는 명도 협상을 진행할 때, 생각보다 강한 저항이 예상되면 내용증명이라는 카드를 자주 꺼내든다. 그럼 어떤 경우에 내용증명을 사용하면 좋을까?

경매에서 내용증명은 법적인 효과가 있지는 않다. 그저 법원이 보장하는 인도명령제도와 강제집행을 그대로 실행하면 되기 때문에 내용증명을 굳이 보내지 않아도 상관이 없는 것이다. 다만 상대방과의 협상에서 조금 더 우위를 점하기 위해 사용하는 것인데, 들어가면 좋을 내용은 다음과 같다.

1. 인도명령절차와 강제집행 진행 예정 통보
2. 낙찰자가 원하는 이사 날짜와 비용 등을 통보
3. 점유자를 설득하기 위한 간단한 문구

먼저 내용증명에는 점유자가 앞으로 겪게 될 법적 절차에 대한 명확한 내용을 공시해두는 것이 중요하다. 협상에 적극적으로 임하지 않을 경우, 법적인 절차를 순리대로 진행할 것임을 보여주어야 점유자도 자신의 위치를 명확히 파악하게 된다. 또한 낙찰자가 원하는 이사 날짜와 조건을 제시하여 법적인 절차가 아닌 협상으로 진행할 여지도 있음을 보여주어야 한다. 무조건 법대로 하겠다는 것은 오히려 상대방의 반발을 살 수도 있기에 단호하면서도 부드러움을 동시에 표현해야 한다. 마지막으로 점유자를 설득하는 말도 적어두면 좋은데, 내용증명 역시 결국은 협상을 원활히 하기 위한 목적이기 때문이다. 이를 예로 들면 다음과 같다.

내용증명

제 목 : 부동산 인도 요청 및 강제집행 예정 통고
부동산의 표시 : 2023타경 0000 경기도 수원시 000

발신인 딱쉬운경매는 위 부동산의 표시에 기재된 수원지방법원, 사건번호 2023타경 0000을 낙찰을 받은 최고가 매수인이며, 현재 3월 00일 부로 등기를 완료한 소유자입니다. 수신인인 귀하는 대항력 없는 임차인이며, 정당한 권원 없이 본 부동산을 점유하고 있습니다.

발신인 본인은 상기 표시된 부동산에 대한 명도 절차를 다음과 같이 진행하고자 본 서면을 통보합니다. 본 내용증명은 법적인 절차에 의해 발송하는 것이오니 부디 너그러운 마음으로 이해 바랍니다.

- 다 음 -

1. 2023년 4월 25일까지 해당 부동산에 퇴거, 명도해줄 것을 요구합니다.
2. 만약 귀하가 본 내용증명 수취 후 4월 5일까지 연락이 없으면 본인과 협의할 의사 자체가 없는 것으로 간주, 그 즉시 법원에 '인도명령'을 신청하여 2주 내 강제집행을 할 것입니다. 법원 집행관을 대동한 강제집행은 말 그대로 강제로 짐을 외부로 빼는 절차로 본인이나 귀하에게 뼈아픈 기억으로 남을 것입니다. 본인은 모쪼록 절차보다는 명도에 대한 시기와 내용 등의 협의를 우선시한다는 점을 알아주셨으면 합니다.

3. 현재 귀하가 점유하고 있는 부동산은 경매 절차상의 무단점유입니다. 정당한 권원 없이 부동산 인도를 거부한다면 형법 제315조(경매, 입찰방해)에 해당, 형사적인 문제로 확대될 수 있습니다.

4. 본인과 어떤 협의나 명도를 지체한다면 무상거주에 대한 **부당이득금(매월 600만원정)과 법정이자 부분까지도 청구 소송할 예정**이며, 부당이득금과 소송 시 소요되는 막대한 비용은 귀하의 책임으로 **개인자산, 동산, 자동차, 법인자산 등의 압류를 통해 회수할 예정입니다.** (원상복구 시점까지 청구 가능)

5. 귀사는 본 부동산을 대출을 통해 매입하여 지금 이 순간에도 대출이자 등의 비용이 지출되고 있습니다. 귀하의 퇴거가 지연된 만큼 관리비, 대출비용, 이자, 집행비용, 각종 소송비용 등은 모두 귀하에게 전가될 것이며 이 또한 법률대리인이 가압류 및 소송으로 진행할 것입니다.

6. 귀하가 본사의 명도를 방해하는 행위를 한다면, 즉시 형법 제315조에 의한 형사고소를 진행할 것이며 이후에는 어떤 협상도 없을 것입니다.

7. 모든 절차는 법률대리인(홍길동법률사무소)을 통해 신속히 진행할 예정입니다.

본 서면에 기재된 모든 절차는 귀하와의 원만한 협의가 이루어지지 않을 경우를 상정한 것입니다. 만일 내용증명 수신 후 귀하와 어떤 합의가 이루어진다면 모든 소송 등을 취하, 원만한 해결점을 찾겠습니다. 본 내용증명을 보낸 것에 대해 부디 잘 판단하시어 부디 원만한 인도 과정이 되기를 바랍니다.

명도확인서를 활용하자

 경매 진행 과정 중 하나인 배당을 활용해 명도의 전략으로 사용해도 좋다. 모든 임차인은 대항력 유무를 떠나 배당 신고를 했다면 배당을 받을 권리가 있다. 몇 번째로 배당을 받는지, 얼마나 받는지는 확정일자와 배당의 액수에 따라 다르지만 결론적으로 배당을 받으려면 반드시 낙찰자의 확인서가 필요하다.

 바로 명도확인서다. 법원에서는 임차인에게 배당을 진행할 때 반드시 확인하는 서류가 있다. 바로 해당 부동산의 점유를 낙찰자에게 전달했는지다. 점유를 넘기지 않았는데 배당을 해줘버리면 돈은 받고 나가지도 않는 불상사가 발생하기 때문이다. 따라서 임차인은 배당을 받기 위해서는 점유를 이전했다는 확인서와 낙찰자의 인감증명서를 제출해야 한다.

우리 낙찰자는 이를 명도 협상에 활용하면 된다. 예를 들어 과도한 이사비를 요구하거나 관리비를 미납한 사람이 있다면 적절하게 해결하기 전까지 명도확인서를 줄 수 없다고 이야기하는 것이다. 일반적인 사람이라면 관리비나 작은 이사비 때문에 자신의 커다란 보증금을 포기할 사람은 없을 것이다. 다만 주의할 점이 있다. 소유주는 남은 금액을 배당받을 때, 낙찰자의 명도확인서가 없어도 된다는 것이다. 상대가 누군지에 따라 명도확인서를 적절하게 활용하여 협상의 카드로 사용하는 것도 하나의 방법이다.

명도확인서

사건번호 :

이　　름 :

주　　소 :

위 사건에서 위 임차인은 임차보증금에 따른 배당금을 받기 위해 매수인에게 목적부동산을 명도하였음을 확인합니다.

첨부서류 : 매수인 명도확인용 인감증명서 1통

　　　　　　　　　　　　　　　년　　월　　일

　　　　　　　　　　　　　매수인　　　　(인)

　　　　　　　　　　　　　연락처　　　　(☎)

인테리어 하나로 가치는 점포 업

명도를 완료하고 집에 들어가는 순간의 설렘은 오로지 낙찰받은 사람만이 느낄 수 있다. 물건 검색부터 시세조사, 임장, 낙찰, 명도의 전 과정을 헤쳐온 소중한 나의 물건이다. 여기까지 온 모든 낙찰자는 충분히 그 기쁨을 만끽해도 좋다. 그러나 우리 물건의 민낯은 이제부터 슬슬 드러나게 된다. 사용하다 버린 페트병, 옷장, 갖은 쓰레기와 낡은 벽지 등 경매를 진행하는 과정 중 난장판이 되어버린 집의 정리는 오로지 우리의 몫이다.

이렇게 낡은 집도 인테리어를 통해 가치를 점프 업 시킬 수 있다. 그중에서도 여성의 마음을 사로잡아야 한다. 모든 자본주의 시장은 여성에게 맞춰져 있다는 것을 아는가? 패션 시장, 가전 시장, 가구 시장 등 모든 시장에서 여성이 차지하는 중요도는 압도적이라고 할 수 있다. 그렇다면 부동산 시장도 인테리어 효과도 결국은 여성의 취향에 맞춰야 하는 것이다.

여성은 이성보다는 감정과 공감을 더 중요하게 생각한다. 같은 집이라도 환하고, 현대적이면서 실사용하기에 좋은 인테리어를 하는 게 유리하다. 가장 대표적으로 효과가 좋은 곳이 주방과 화장실이다. 다른 곳은 건들지 않아도 이 두 곳만큼은 인테리어를 해주는 것이 좋다. 사실 수리 비용도 그렇게 많이 들지 않는다. 화장실은 기본적인 수리만 해줘도 충분한데 200만 원 정도면 충분하다. 주방 역시 마찬가지다. 오래된 철제 싱크대가 설치되어 있다면 전체적으로 교체를 해주거나 상판만 교체해도 분위기가 확 달라진다. 주방 역시 아주 많이 들어도 300만 원이면 충분히 교체가 가능하다.

이렇게 돈을 들여 수리를 했을 때의 장점이 많다. 매도나 임대가 더 빨리 맞춰진다. 당연히 주위에 노후 빌라나 아파트가 있다면 우리 물건이 1등 컨디션이 될 테고, 계약이 빨리 이뤄질 가능성이 크다. 또한 수리한 비용 이상으로 전세나 매도 계약이 체결되는 경우가 많다. 우리는 낙찰받은 집을 하나의 물건이 아닌 사업으로 바라봐야 한다. 내가 투자하고 노력을 들인 만큼 결과는 더 플러스가 되어 돌아오게 되어있다.

▲ 주방 수리 전

▲ 화장실 수리 전

▲ 주방 수리 후

▲ 화장실 수리 후

임대와 매매의 기술

7일차

　모든 투자는 결실을 맺어야 한다. 낙찰받은 집의 결실은 결국 임대와 매매의 성사로 이어지는 것이다. 그제서야 비로소 경매의 모든 한 사이클이 끝나게 된다. 모든 일은 마무리가 중요하듯이 우리도 임대와 매매를 잘 마쳐야 한다. 어떻게 하면 임대와 매매를 잘할 수 있을까?

　우선 우리 물건의 가치를 잘 알고 있어야 한다. 많은 낙찰자가 낙찰을 받고 부동산에 다시 물건의 가격을 문의했을 때, 당황을 많이 한다. "사장님, 그 가격에는 거래 안 돼요~." 낙찰받은 물건을 돌이킬 수도 없고, 심장은 쿵 내려앉는다. 그래서 부동산 경매는 결국 시세조사가 가장 중요하다. 우리 물건의 정확한 가치를 알고, 그에 맞는 적정 가격에 낙찰을 받아야만 임대, 매매 전략에서 우위를 점할 수 있다.

"마케팅의 성공 여부는 노출 횟수와 비례한다."는 말을 들어본 적 있는가? 모든 물건은 상품화되기 위해 여러 전략이 있지만 가장 중요한 것은 사람들의 눈에 자주 띄어야 한다는 것이다. 이는 부동산 임대, 매매 전략에서도 통한다. 낚시를 하는 것에 비유하면 다음과 같다. 우리는 인테리어를 통해 맛있는 미끼를 바늘에 끼워 물속에 던진 상태이다. 물고기가 낚싯바늘을 물기만을 기다리고 있는데 그 낚싯대가 1개인 사람과 20개인 사람 중 어느 곳에 물고기가 걸릴 확률이 높을까? 당연히 후자다. 임대, 매매 전략의 첫 번째 기술은 바로 많은 부동산에 우리 물건을 홍보하는 것이다. 우선은 우리 물건 주변의 부동산이 첫 번째 타깃이다. 주변에 위치한 모든 부동산에 전화를 걸어 매도 혹은 임대 문의를 한 후 물건을 내놓자. 두 번째는 지하철이나 버스 1~2정거장 떨어진 부동산까지도 타깃이다. 부동산에서는 집을 소개해줄 때, 해당 동네뿐만 아니라 다른 동네까지도 중개를 하기 때문에 최대한 많은 낚싯대를 던져 놓는 것이 유리하다. 세 번째 타깃은 직방, 다방이나 피터팬과 같은 중개 플랫폼을 이용하는 것이다. 최근 디지털 플랫폼을 이용해 거래를 하여 수수료를 조금이라도 아끼기 위한 짠테크가 인기이기 때문에 이런 곳도 놓쳐서는 안 된다. 그런데 간혹 한 군데에만 지긋이 맡기고 기다리는 게 더 낫다고 하는 부동산이 있다. 이는 매수자와 매도자 양쪽의 수수료를 모두 챙기기 위한 부동산의 상술이다. 마음 약해지지 말고 많은 부동산에 우리 물건을 홍보하라.

  우리 교육생이 사용한 또 하나의 팁을 소개하고자 한다. 그것은 바로 정성스레 준비한 팜플렛이다. 우리 교육생은 경매로 낙찰받고 한 달 반 만에 집을 매도하는 데 성공했는데, 모두가 깜짝 놀랄 만한 스킬을 사용했다. 우리 물건의 내부 사진과 학군, 교통, 특장점들을 일목요연하게 정리하여 코팅 처리까지 해서 주변의 부동산에 직접 설명을 하며 내놓은 것이다. 여러분들이 만약 집을 구하는 사람이라면 평범한 집을 고르겠는가. 아니면 주인의 애정이 가득 녹아있는 집을 구하겠는가? 두 말하면 잔소리다. 여러분도 임대나 매도를 할 때는 이렇게 정성스런 팜플렛을 준비하여 부동산 설명회를 개최해보는 것이 어떨까?

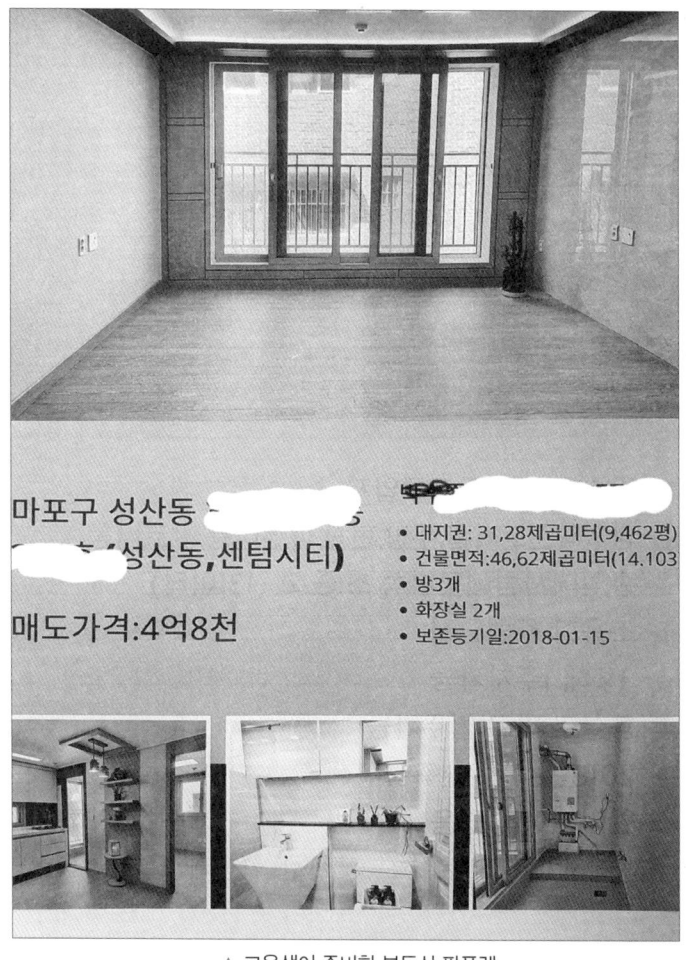

▲ 교육생이 준비한 부동산 팜플렛

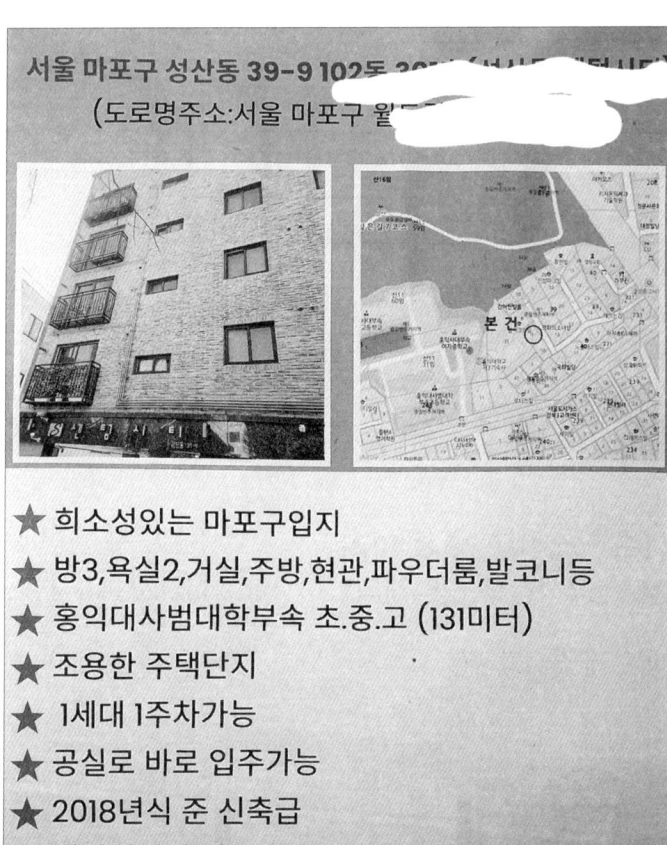

▲ 교육생이 준비한 부동산 팜플렛

모든 투자는
결실을
맺어야 한다.

북오션 부동산 재테크 도서 목록

부동산/재테크/창업

장인석 지음 | 17,500원
348쪽 | 152×224mm

롱텀 부동산 투자 58가지

이 책은 현재의 내 자금 규모로, 어떤 위치의 부동산을 언제 살 것인가에 대한 탁월한 분석을 펼쳐 보여 준다. 월세탈출, 전세탈출, 무주택자탈출을 꿈꾸는, 건물주가 되고 싶고, 꼬박꼬박 월세 받으며 여유로운 노후를 보내고 싶은 사람들을 위한 확실한 부동산 투자 지침서가 되기에 충분하다. 이 책은 실질금리 마이너스 시대를 사는 부동산 실수요자, 투자자 모두에게 현실적인 투자 원칙을 수립할 수 있도록 해줄 뿐 아니라 실제 구매와 투자에 있어서도 참고할 정보가 많다.

나창근 지음 | 15,000원
302쪽 | 152×224mm

나의 꿈, 꼬마빌딩 건물주 되기

'조물주 위에 건물주'라는 유행어가 있듯이 건물주는 누구나 한 번은 품어보는 달콤한 꿈이다. 자금이 없으면 건물주는 영원한 꿈일까? 저자는 현재와 미래의 부동산 흐름을 읽을 줄 아는 안목과 자기 자금력에 맞춤한 전략, 꼬마빌딩을 관리할 줄 아는 노하우만 있으면 부족한 자금을 충분히 상쇄할 수 있다고 주장한다. 또한 액수별 투자전략과 빌딩 관리 노하우 그리고 건물주가 알아야 할 부동산지식을 알기 쉽게 설명한다.

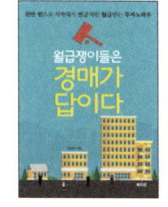

박갑현 지음 | 14,500원
264쪽 | 152×224mm

월급쟁이들은 경매가 답이다
1,000만 원으로 시작해서 연금처럼 월급받는 투자 노하우

경매에 처음 도전하는 직장인의 눈높이에서 부동산 경매의 모든 것을 알기 쉽게 풀어낸다. 일상생활에서 부동산에 대한 감각을 기를 수 있는 방법에서부터 경매용어와 절차를 이해하기 쉽게 설명하며 각 과정에서 꼭 알아야 할 중요사항들을 살펴본다. 경매 종목 또한 주택, 업무용 부동산, 상가로 분류하여 각 종목별 장단점, '주택임대차보호법' 등 경매와 관련되어 파악하고 있어야 할 사항들도 꼼꼼하게 짚어준다.

나창근 지음 | 17,000원
332쪽 | 152×224mm

초저금리 시대에도 꼬박꼬박 월세 나오는
수익형 부동산

현재 (주)기림이엔씨 부설 리치부동산연구소 대표이사로 재직하고 있으며 [부동산TV], [MBN], [한국경제TV], [KBS] 등 방송에서 알기 쉬운 눈높이 설명으로 호평을 받은 저자는 부동산 트렌드의 변화와 흐름을 짚어주며 수익형 부동산의 종류별 특성과 투자노하우를 소개한다. 여유자금이 부족한 투자자도 전략적으로 투자할 수 있는 혜안을 얻을 수 있을 것이다.

김중근 지음 | 19,000원
280쪽 | 141×205mm

4000만 원으로 시작하는
부동산 경매 투자

이 책은 저자의 경험을 솔직하게 다 보여주는 가장 쉬운 부동산 경매 교과서다. 부동산경매 입문부터 소액 투자로 경매에 참가해 차츰 노하우가 쌓여가는 저자의 경험을 통해 경매 이야기를 쉽게 풀어준다. 경매로 10억 이상을 벌어 평범한 직장인에서 부동산 전업 투자자이자 중개인으로 변신한 저자의 경험이 내 집 마련과 부동산경매에 관심 있는 초보 투자자들에게 많은 도움이 될 것이다.

주식/금융투자

북오션의 주식/금융 투자부문의 도서에서 독자들은 주식투자 입문부터 실전 전문투자, 암호화폐 등 최신의 투자흐름까지 폭넓게 선택할 수 있습니다.

박병창 지음 | 19,000원
360쪽 | 172×235mm

주식투자
기본도 모르고 할 뻔했다

코로나 19로 경기가 위축되는데도 불구하고 저금리 기조가 계속되자 시중에 풀린 돈이 주식시장으로 몰리고 있다. 때 아닌 활황을 맞은 주식시장에 너나없이 뛰어들고 있는데, 과연 이들은 기본은 알고 있는 것일까? '삼프로TV', '쏠쏠TV'의 박병창 트레이더는 '기본 원칙' 없이 시작하는 주식 투자는 결국 손실로 이어짐을 잘 알고 있기에 이 책을 써야만 했다.

박병창 지음 | 18,000원
288쪽 | 172×235mm

현명한 당신의
주식투자 교과서

경력 23년차 트레이더이자 한때 스패큐라는 아이디로 주식투자 교육 전문가로 불리기도 한 저자는 "기본만으로 성공할 수 없지만, 기본 없이는 절대 성공할 수 없다"고 하며, 우리가 모르는 '기본'을 설명한다. 아마도 이 책을 보고 나면 '내가 이것도 몰랐다니' 하는 감탄사가 입에서 나올지도 모른다. 저자가 말해주는 세 가지 기본만 알면 어떤 상황에서도 주식투자를 할 수 있다.

최기운 지음 | 18,000원
424쪽 | 172×245mm

10만원으로 시작하는
주식투자

4차산업혁명 시대를 선도하는 기업의 주식은 어떤 것들이 있을까? 이제 이 책을 통해 초보투자자들은 기본적이고 다양한 기술적 분석을 익히고 그것을 바탕으로 향후 성장 유망한 기업에 투자할 수 있는 밝은 눈을 가진 성공한 가치투자자가 될 수 있다. 조금 더 지름길로 가고 싶다면 저자가 친절하게 가이드해준 몇몇 기업을 눈여겨보아도 좋다.

곽호열 지음 | 19,000원
244쪽 | 188×254mm

초보자를 실전 고수로 만드는
주가차트 완전정복

이 책은 주식 전문 블로그 〈달공이의 주식투자 노하우〉의 운영자 곽호열이 예리한 분석력과 세심한 코치로 입문하는 사람은 물론 중급자들이 놓치기 쉬운 기술적 분석을 다양하게 선보인다. 상승이 예상되는 관심 종목 분석과 차트를 통한 매수매도타이밍 포착, 수익과 손실에 따른 리스크 관리 및 대응방법 등 주식시장에서 이기는 노하우와 차트기술에 대해 안내한다.

근투생 김민후(김달호) 지음
16,000원 | 224쪽
172×235mm

삼성전자 주식을 알면
주식 투자의 길이 보인다

인기 유튜브 '근투생'의 주린이를 위한 투자 노하우. 국내 최초로 삼성전자 주식을 입체분석한 책이다. 삼성전자 주식은 이른바 '국민주식'이 되었다. 매년 꾸준히 놀라운 이익을 내고 있으며, 변화가 적고 꾸준히 상승할 것이라는 예상이 있기에, 이 책에서는 삼성전자 주식을 모델로 초보 투자자가 알아야 할 거의 모든 것을 설명한다.

유지윤 지음 | 25,000원
312쪽 | 172×235mm

하루 만에 수익 내는 데이트레이딩 3대 타법

주식 투자를 한다고 하면 다들 장기 투자나 가치 투자를 말하지만, 장기 투자와 다르게 단기 투자, 그중 데이트레이딩은 개인도 충분히 가능하다. 물론 쉽지는 않다. 꾸준한 노력과 연습이 있어야 한다. 하지만 가능하다는 것이 중요하고, 매일 수익을 낼 수 있다는 것이 중요하다. 그 방법을 이 책이 알려준다.

유지윤 지음 | 18,000원
264쪽 | 172×235mm

누구나 주식투자로 3개월에 1000만원 벌 수 있다

주식시장에서 은근슬쩍 돈을 버는 사람들이 있다. '3개월에 1000만 원' 정도를 목표로 정하고, 자신만의 투자법을 착실히 지키는 사람들이다. 3개월에 1000만 원이면 웬만한 사람들 월급이다. 대박을 노리지 않고, 딱 3개월에 1000만 원만 목표로 삼고, 그것에 맞는 투자 원칙만 지키면 가능하다. 이렇게 1000만 원을 벌고 나서 다음 단계로 점프해도 늦지 않는다.

터틀캠프 지음 | 25,000원
332쪽 | 172×235mm

캔들차트 매매법

초보자를 위한 기계적 분석과 함께 응용까지 배울 수 있도록 자세하게 캔들 중심으로 차트의 원리를 설명한다. 피상적인 차트 분석이 아니라 기계적으로 차트를 발굴해서 실전에서 활용하는 데 초점을 맞춘 가이드북이다. 열심히 공부하고 노력하여 자신만의 매매법을 확립해, 돈을 잃는 투자자에서 수익을 내는 투자자로 거듭날 계기가 될 것이다.

유지윤 지음 | 25,000원
240쪽 | 172×235mm

1000만 원으로 시작하는 데이트레이딩

적극적이고 다혈질인 한국인에게 딱 맞는 주식투자법, 바로 데이트레이딩이다. 초보자에게 상승장, 하락장뿐만 아니라 횡보장에서도 성공적인 데이트레이딩 전략을 제시한다. 매매 노하우와 스킬을 향상시켜 일상적인 수익 창출을 이끌어줄 것이다. 개인투자자로서의 마음가짐부터 안전하게 시작할 수 있는 꿀팁을 제공한다. 차트를 보면 돈 벌어줄 종목이 보인다!